职业教育课程改革规划创新教材
职业教育会计技能大赛辅导用书

会计基本技能实训

主　编：张雪梅　喻　红
副主编：周国英　杨晓妮　赵　勤

中国石化出版社
HTTP://WWW.SINOPEC-PRESS.COM
中国经济出版社
CHINA ECONOMIC PUBLISHING HOUSE

内 容 提 要

本书是根据中高职学校财经商贸类专业人才需求及其专业教学的实际需要编写的，内容包括财经数字书写技能实训、财经计算工具操作技能实训、财经计算工具运用技能实训、验钞与点钞技能实训四个模块。

本书可供职业教育会计专业或相关的经济类、管理类专业学生使用，也可以作为会计岗位培训和相关人员的自学用书。

图书在版编目(CIP)数据

会计基本技能实训／张雪梅，喻红主编. —北京：中国石化出版社，2019.11(2023.8 重印)

ISBN 978-7-5114-5568-0

Ⅰ.①会… Ⅱ.①张… ②喻… Ⅲ.①会计学-职业教育-教材 Ⅳ.①F230

中国版本图书馆 CIP 数据核字(2019)第 235248 号

中国石化出版社出版发行

地址：北京市东城区安定门外大街 58 号

邮编：100011　电话：(010)57512500

发行部电话：(010)57512575

http://www.sinopec-press.com

E-mail：press@sinopec.com

北京富泰印刷有限责任公司印刷

全国各地新华书店经销

*

787×1092 毫米 16 开本 8.75 印张 147 千字

2019 年 11 月第 1 版　2023 年 8 月第 5 次印刷

定价：29.00 元

会计基本技能实训

编委会

主编

张雪梅　重庆教育管理学校

喻　红　重庆市渝中职业教育中心

副主编

周国英　重庆市云阳职业教育中心

杨晓妮　重庆市女子职业高级中学

赵　勤　重庆市铜梁职业教育中心

参编行业专家

陈本杰　重庆创诚财务咨询有限公司

唐跃兰　中铁建重庆投资集团有限公司

杨　陶　重庆晏安阳税务师事务所有限公司

参编学校教师

张蓉蓉　重庆市綦江职业教育中心

欧开会　重庆市壁山职业教育中心

张春艳　重庆市云阳职业教育中心

叶　茂　重庆九龙坡职业教育中心

肖　玲　重庆九龙坡职业教育中心

岑　霞　巴南职业教育中心

张志香　巫溪县职业教育中心

王　婷　巫溪县职业教育中心

聂清影　重庆市女子职业高级中学

熊　丽　重庆市女子职业高级中学

卢安民　重庆市女子职业高级中学

李月明　重庆市经贸中等专业学校

寇恩华　重庆市经贸中等专业学校

郭一锦　重庆市经贸中等专业学校
刘　峰　重庆市经贸中等专业学校
王　力　重庆市大足职业教育中心
尹　凌　重庆市旅游学校
程世会　重庆市旅游学校
黄　美　重庆市荣昌区职业教育中心
汪　洁　重庆财政学校

前　言

《会计基本技能实训》是财经专业及相关专业的一门技术性、操作性很强的专业基础课程。本书是根据教育部颁布的职业学校会计专业课程设置和会计基本技能教学基本要求，为适应和满足职业学校人才培养和全面素质教育的需要而编写。本书也是2018年重庆市中高职财经商贸类专业课程体系与教学资料协同研发培训班的培训成果。本书的编者不仅有行业专家，还有来自职教一线的参培老师。在本书编写时，编者根据中高职学校财经商贸类专业人才需求及其专业教学的实际需要，结合学生的学习特点，突出了教材的易读、易懂、易操作性，通过大量实际操作图片将会计技能动作进行分解，直观地对财经基本技能加以实操性讲解，使学习者在学习过程中更能提高其实际动手操作能力。

本书注重学用结合，理论联系实际，突出体现培养技能型人才的特点，强调会计数字书写技能、珠算技能、点钞技能、电子计算工具应用等会计基本技能和专业基础知识的掌握，提高财经类学生的基本专业素质，增强学生适应职业变化的能力和继续学习的能力。

本书由重庆教育管理学校张雪梅、重庆市渝中职业教育中心喻红担任主编，编委会全体成员参与了本书各章节的具体编写和协助。在本书的编写过程中，参考了有关的书籍，在此向原作者致谢。

由于编者的水平和时间有限，疏漏与不妥在所难免，恳请读者批评指正，并提出宝贵意见。

目　　录

模块一

财经数字书写技能实训

任务 1 阿拉伯数字的书写技能实训

一、实训目标

能正确、规范、清晰、整洁、美观地书写阿拉伯数字。

二、实训所需用品

会计数字练习用纸或空白账页、黑色字迹财会专用笔、红色字迹财会专用笔(可在更正错误时使用)。

三、实训所需相关理论知识

1. 阿拉伯数字手写体样式(见图 1-1-1)

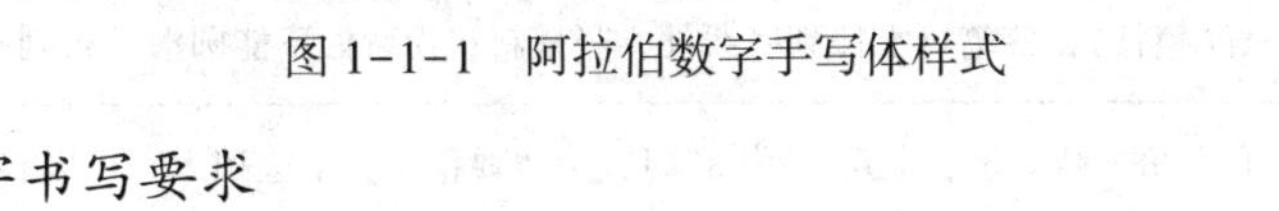

图 1-1-1 阿拉伯数字手写体样式

2. 阿拉伯数字书写要求

(1) 字体要自右上方向左下方倾斜地写，倾斜度为 45°~60°。

(2)“6”字要比一般数字向右上方长出 1/4，“7”和“9”要向左下方长出 1/4。

（3）每个数字要紧靠凭证或账表行格底线书写，字体高度占行格高度的 1/2，不得写满格，以便留有改错的空间。

（4）数字应当一个一个地写，不得连笔写。

（5）字体要各自成形，大小均衡，排列整齐，字迹工整、清晰。

（6）有圆的数字，如 6、8、9、0 等，圆圈必须封口。

（7）同行的相邻数字之间要空出半个阿拉伯数字的位置。

3. 阿拉伯数字 0~9 的书写要领（见表 1-1-1）

表 1-1-1　阿拉伯数字 0~9 的书写要领

阿拉伯数字	书写要领
0	紧贴底线；圆要闭合，不得有缺口，以防改动为 3；不宜过小，否则易改为“9”字；几个“0”连写时不要连笔写。起笔时应由左向右转圈；起笔和收笔处一定要封口；要写成上下略长的倾斜椭圆形
1	要斜直，不能比其他数字短；且要合乎斜度要求，否则易改成“4”“6”“7”“9”等
2	不能写成类似英文字母“Z”的形状；起笔时的上半圈要略大一点，收笔时的下半圈要小一点；落笔应紧贴底线；下部要绕圈，否则易被改成“3”。圈不能超过字的一半；要做到圈相连，圈不能断开；不要写成去头少尾
3	上半圈和下半圈的大小倾斜度基本一致；上半圈可略小于下半圈，拐弯处光滑流畅；起笔处至拐弯处距离稍长，不宜过短，否则易被改成“5”或“8”
4	两条竖线要平行；右边一条竖线略长一点，并穿过左边竖线转折过来的横线，落在格子的底线上。右边的竖线在横线上下部分的比例分配大致是上部分约占字的 2/3，下部分约占字的 1/3。“∠”角要死折，即竖要斜写，横要平直且长，折角不能圆滑，否则易被改成“6”
5	起笔时要有一定的倾斜度；上端的一横要平，不能封顶，要与起笔相接，不能留空隙，也不能穿过起笔。横、钩必须明显，不可拖泥带水，否则易被改成或混淆成“8”
6	起笔处在上半格的 1/4 处；下圆要明显，否则易被改成“8”
7	横要平直（稍长），落笔可下伸到底线外，竖稍斜；拐弯处不能圆滑，否则易与“1”“9”相混淆
8	起笔于右上角，结束于右上角。写“8”时，上边要稍小，下边稍大。可以斜“S”起笔，也可直笔起笔；终笔与起笔交接处应成棱角，并一定要封口，以防与“3”混淆
9	上部的小圆要闭合，不留间隙，且一竖稍长，出下底线，否则易与“4”混淆

四、实训内容

（1）在“有数位格的会计数字练习用纸”（见表 1-1-2）或“账页”中将阿拉伯数字 0～9 规范地写出来。

表 1-1-2 有数位格的会计数字练习用纸

（2）在既有数位格又无数位格的会计数字练习用纸（见表 1-1-3）中将阿拉伯数字 0～9 规范地写出来。

表 1-1-3　既有数位格又无数位格的会计数字练习用纸

五、实训心得

任务2 中文大写数字的书写技能实训

一、实训目标

能正确、清晰、工整地书写各中文大写数字。

二、实训所需用品

会计数字练习用纸或空白账页、黑色财会专用笔、红色财会专用笔(可在更正错误时使用)。

三、实训所需相关理论知识

1. 中文大写数字的书写样式(见表1-2-1)

表1-2-1 中文大写数字的书写样式

种类	书写样式
基数词用字(正楷)	零、壹、贰、叁、肆、伍、陆、柒、捌、玖
基数词用字(行书)	零、壹、贰、叁、肆、伍、陆、柒、捌、玖
数位词用字(正楷)	拾、佰、仟、万、亿
数位词用字(行书)	拾、佰、仟、万、亿
金额单位词用字(正楷)	元、角、分、厘、毫
金额单位词用字(行书)	元、角、分、厘、毫
金额截止符号词用字(正楷)	整、正
金额截止符号词用字(行书)	整、正

2. 中文大写数字的书写规范

(1) 应以正楷字体或行书字体书写。

（2）不得用0、一、二、三、四、五、六、七、八、九、十、另、毛等简化字代替，不得任意自造简化字。

（3）字体要各自成形，大小均衡，排列整齐，字迹要工整、清晰。

（4）所写文字要紧靠凭证或账表行格底线，字体高度占行格高度的1/2，不得写满格，以便留有改错的空间。

四、实训内容

（1）用正楷字体在既有数位格又无数位格的会计数字练习用纸（见表1-2-2）中将中文大写数字写出来。

表1-2-2　既有数位格又无数位格的会计数字练习用纸

(2)用行书字体在既有数位格又无数位格的会计数字练习用纸(见表1-2-3)中将中文大写数字写出来。

表1-2-3　既有数位格又无数位格的会计数字练习用纸

五、实训心得

____

____

____

任务3 大小写金额的书写技能实训

一、实训目标

(1)能正确、规范、整齐、美观、流畅地书写大小写金额。

(2)能规范更正书写错误的小写金额。

二、实训所需用品

大小写金额书写训练用纸或空白账页、黑色字迹财会专用笔、红色字迹财会专用笔(可在更正错误时使用)。

三、实训所需相关理论知识

1. 小写金额(用阿拉伯数字表示的金额)的规范写法

(1) 在没有数位分割线的凭证账表上的规范写法。

① 阿拉伯金额数字前面应当书写货币币种符号或者货币名称简写的，货币币种符号和阿拉伯数字之间不得留有空白。凡阿拉伯数字前写出货币币种符号的，数字后面不再写货币单位，如￥327.23。

② 以元为单位的阿拉伯数字，除表示单价等情况外，一律写到角分；没有角分的，角位和分位可写为“00”或者“—”，如￥120.00或￥120.—；有角无分的，分位应当写出“0”，不得用“-”代替，如￥185.50。

③ 只有分位金额的，在元位和角位上各写一个“0”字并在元与角之间点一个小数点，如￥0.06。

④ 金额的整数部分，采用从右向左“三位一节”分节制进行分节，节与节之间用分节号“,”分开，也可以用一个空格代替分节号“,”。如：￥5647108.92 可写为：￥5,647,108.92 或￥5 647 108.92。

（2）在有数位分割线的凭证账表上的规范写法。

① 对应固定的位数填写，不得错位。

② 只有分位金额的，在元位和角位上均不得写“0”字。

③ 只有角位或角、分位金额的，在元位上不得写“0”字。

④ 分位是“0”的，在分位上写“0”，角、分位都是“0”的，在角、分位上各写一个“0”字。

2. 小写金额书写错误的更正方法

（1）记账凭证、账表中出现小写金额书写错误时，不能对书写错误的地方进行涂改、挖补、刮擦，也不能用涂改液、消字药水等消除字迹后再写上正确的数字。要先用红笔在书写错误的所有数字上划一条单红线，但必须使原有字迹仍可辨认，然后在错误的数字上方用纯黑墨水笔或蓝黑墨水笔或碳素墨水笔书写正确的数字，并由经办人在更正处盖章，以明确责任。如果一个完整的金额还没写完就发现数字书写错误，应该先把没写完的部分写完或用“0”把没写完的部分补齐，再用前面说的方法进行更正。

（2）小写金额书写错误时的更正示例。

正确的更正方法，如图 1-3-1～图 1-3-5 所示。

百	十	万	千	百	十	元	角	分	
		6	5	2	9	3	4	1	经办人
		~~6~~	~~2~~	~~5~~	~~9~~	~~3~~	~~4~~	~~1~~	

图 1-3-1　小写金额书写错误的正确更正方法(1)

百	十	万	千	百	十	元	角	分	
		3	5	5	4	7	1	2	经办人
		~~3~~	~~4~~	~~5~~	~~5~~	~~7~~	~~1~~	~~2~~	

图 1-3-2　小写金额书写错误的正确更正方法(2)

百	十	万	千	百	十	元	角	分
			2	9	2	1	7	8
		~~2~~	~~9~~	~~2~~	~~1~~	~~7~~	~~8~~	~~0~~

经办人

图 1-3-3　小写金额书写错误的正确更正方法(3)

百	十	万	千	百	十	元	角	分
			4	9	2	1	6	5
			~~4~~	~~2~~	~~9~~	~~1~~	~~6~~	~~5~~

经办人

图 1-3-4　小写金额书写错误的正确更正方法(4)

￥178.46　经办人

~~￥187.46~~

图 1-3-5　小写金额书写错误的正确更正方法(5)

错误的更正方法，如图 1-3-6~图 1-3-10 所示。

百	十	万	千	百	十	元	角	分
			5	2				
		6	~~2~~	[illegible]	9	3	4	1

图 1-3-6　小写金额书写错误的错误更正方法(1)

百	十	万	千	百	十	元	角	分
			5		4			
		3	~~4~~	5	~~5~~	7	1	2

图 1-3-7　小写金额书写错误的错误更正方法(2)

百	十	万	千	百	十	元	角	分
		[illegible]	9	2	1	7	8	0

图 1-3-8　小写金额书写错误的错误更正方法(3)

百	十	万	千	百	十	元	角	分
			4	9	2	1	6	5
			~~4~~	~~2~~	~~9~~			

图 1-3-9　小写金额书写错误的错误更正方法(4)

78　经办人

~~¥187.46~~

图 1-3-10　小写金额书写错误的错误更正方法(5)

3. 大写金额(用中文大写数字表示的金额)的规范写法

(1) 在没有印大写金额数位亿、仟、佰、拾、万、仟、佰、拾、元、角、分字样的凭证上书写大写金额时的规范写法。

① 大写金额要紧靠"人民币"三字书写，不得留有空白。如果大写数字前没有印好"人民币"字样的，那么应加填"人民币"三字。

② 中文大写金额数字到"元"为止的，在"元"之后应写"整"或"正"字，到"角"为止的，在"角"之后可以不写"整"或"正"字。大写金额数字有"分"的，"分"后面不写"整"或"正"字。如：¥12,000.00 应写为人民币壹万贰仟元整，¥48,651.80 可写为人民币肆万捌仟陆佰伍拾壹元捌角整，而¥486.56 应写为人民币肆佰捌拾陆元伍角陆分。

③ 阿拉伯金额数字中间有"0"时，中文大写金额要写"零"字，如¥1,409.50 应写为人民币壹仟肆佰零玖元伍角整。

④ 阿拉伯金额数字万位、元位是"0"的，或者数字中间连续有几个"0"的，万位、元位也是"0"，但千位、角位不是"0"时，中文大写金额可以只写一个零字，也可以不写"零"字。如¥1,680.32 的中文大写金额应写为人民币壹仟陆佰捌拾元零叁角贰分，或者写为人民币壹仟陆佰捌拾元叁角贰分；又如¥97,000.53 的中文大写金额应写为人民币玖万柒仟元零伍角叁分，或者写成人民币玖万柒仟元伍角叁分；再如¥107,008.53 的中文大写金额应写为人民币壹拾万零柒仟零捌元伍角叁分，或者写成人民币壹拾万柒仟零捌元伍角叁分。

⑤ 当阿拉伯金额数字角位是"0"，而分位不是"0"时，中文大写金额"元"后面应写"零"字。如¥6,409.02 的中文大写金额应写成人民币陆仟肆佰零玖元零贰分；又如¥325.04 的中文大写金额应写为人民币叁佰贰拾伍元零肆分。

⑥ 阿拉伯金额数字最高位是"1"的，中文大写金额加写"壹"字，如¥15.80 的中文大写金额应写成人民币壹拾伍元捌角整，¥135,800.00 的中文大写金额应写成人民币壹拾叁

万伍仟捌佰元整。

(2) 在印有大写金额数位亿、仟、佰、拾、万、仟、佰、拾、元、角、分字样的凭证上书写大写金额时的规范写法。

在印有大写金额数位亿、仟、佰、拾、万、仟、佰、拾、元、角、分字样的凭证上书写大写金额时，金额前面如有空位，可以“×”“⊗”或“零”字注销，阿拉伯金额数字中间有几个“0”(含分位)，中文大写金额就写几个“零”字。如￥100.50的中文大写金额应写成**人民币**×**万**×**仟**壹**佰**零**拾**零**元**伍**角**零**分**(注：**加黑**的字体表示事先印好的字)。

4. 大小写金额书写示例

大小写金额书写如表1-3-1所示。

表1-3-1　大小写金额书写示例

小写金额								大写金额
没有数位分割线	有数位分割线							
	万	千	百	十	元	角	分	
￥0.08							8	人民币捌分 **人民币**×**万**×**仟**×**佰**×**拾**×**元**×**角**捌**分**
￥0.60						6	0	人民币陆角或人民币陆角整 **人民币**×**万**×**仟**×**佰**×**拾**×**元**陆**角**零**分**
￥2.00					2	0	0	人民币贰元整 **人民币**×**万**×**仟**×**佰**×**拾**贰**元**零**角**零**分**
￥17.08				1	7	0	8	人民币壹拾柒元零捌分 **人民币**×**万**×**仟**×**佰**壹**拾**柒**元**零**角**捌**分**
￥630.06			6	3	0	0	6	人民币陆佰叁拾元零陆分 **人民币**×**万**×**仟**陆**佰**叁**拾**零**元**零**角**陆**分**

续表

<table>
<tr><td colspan="8">小写金额</td><td rowspan="3">大写金额</td></tr>
<tr><td rowspan="2">没有数位分割线</td><td colspan="7">有数位分割线</td></tr>
<tr><td>万</td><td>千</td><td>百</td><td>十</td><td>元</td><td>角</td><td>分</td></tr>
<tr><td rowspan="2">¥4,020.70</td><td rowspan="2"></td><td rowspan="2">4</td><td rowspan="2">0</td><td rowspan="2">2</td><td rowspan="2">0</td><td rowspan="2">7</td><td rowspan="2">0</td><td>人民币肆仟零贰拾元柒角或人民币肆仟零贰拾元柒角整或人民币肆仟零贰拾元零柒角或人民币肆仟零贰拾元零柒角整</td></tr>
<tr><td>人民币×万肆仟零佰贰拾零元柒角零分</td></tr>
<tr><td rowspan="2">¥15,006.09</td><td rowspan="2">1</td><td rowspan="2">5</td><td rowspan="2">0</td><td rowspan="2">0</td><td rowspan="2">6</td><td rowspan="2">0</td><td rowspan="2">9</td><td>人民币壹万伍仟零陆元零玖分</td></tr>
<tr><td>人民币壹万伍仟零佰零拾陆元零角玖分</td></tr>
<tr><td rowspan="2">¥13,000.40</td><td rowspan="2">1</td><td rowspan="2">3</td><td rowspan="2">0</td><td rowspan="2">0</td><td rowspan="2">0</td><td rowspan="2">4</td><td rowspan="2">0</td><td>人民币壹万叁仟元零肆角或人民币壹万叁仟元零肆角整或人民币壹万叁仟元肆角或人民币壹万叁仟元肆角整</td></tr>
<tr><td>人民币壹万叁仟零佰零拾零元肆角零分</td></tr>
</table>

注：表 1-3-1 中“大写金额”栏中**加黑**的字体表示事先印好的字。

四、实训内容

（1）请按要求，规范更正表 1-3-2 中书写错误的小写金额。

（2）在大小写金额书写训练用纸(见表 1-3-3)中，将下面所给的金额分别写出其没有数位分割线的小写金额、有数位分割线的小写金额、没有印大写金额数位的大写金额和印有大写金额数位的大写金额。

¥683.28；¥2 400.00；¥9 506.03；¥118 002.20；¥7 600.30；¥1 003 650.60；

¥21 000.80；¥0.36；¥207 302.04；¥40 009.27；¥112.70；¥0.07；¥160.76；¥34 360.02；¥120.00；¥107 000.50；¥532.00。

表 1-3-2 更正书写错误的小写金额练习

练习一								练习二							要求
4	5	1	9	3	0	8	2			3	2	8	5	3	练习一的 82 改为 67 练习二的 32 改为 74
	3	6	9	4	0	5	0		5	9	6	4	3	5	练习一的 369 改为 257 练习二的 96 改为 00
		7	8	4	6	3	9	8	2	8	1	0	0	8	练习一的 639 改为 572 练习二的 281 改为 357
				9	2	0	7			5	9	8	4	3	练习一的 20 改为 35 练习二的 9843 改为 6739
					8	0	1				1	7	5	3	练习一的 8 改为 7 练习二的 1、3 改为 2、4

表 1-3-3 大小写金额书写训练用纸

小写金额												大写金额
没有数位分割线	有数位分割线											
	亿	千	百	十	万	千	百	十	元	角	分	
												 人民币 亿 仟 佰 拾 万 仟 佰 拾 元 角 分
												 人民币 亿 仟 佰 拾 万 仟 佰 拾 元 角 分
												 人民币 亿 仟 佰 拾 万 仟 佰 拾 元 角 分

续表

小写金额												大写金额
没有数位分割线	有数位分割线											
	亿	千	百	十	万	千	百	十	元	角	分	
												人民币 亿 仟 佰 拾 万 仟 佰 拾 元 角 分
												人民币 亿 仟 佰 拾 万 仟 佰 拾 元 角 分
												人民币 亿 仟 佰 拾 万 仟 佰 拾 元 角 分
												人民币 亿 仟 佰 拾 万 仟 佰 拾 元 角 分
												人民币 亿 仟 佰 拾 万 仟 佰 拾 元 角 分
												人民币 亿 仟 佰 拾 万 仟 佰 拾 元 角 分
												人民币 亿 仟 佰 拾 万 仟 佰 拾 元 角 分
												人民币 亿 仟 佰 拾 万 仟 佰 拾 元 角 分
												人民币 亿 仟 佰 拾 万 仟 佰 拾 元 角 分
												人民币 亿 仟 佰 拾 万 仟 佰 拾 元 角 分
												人民币 亿 仟 佰 拾 万 仟 佰 拾 元 角 分

续表

小写金额												大写金额
没有数位分割线	有数位分割线											
	亿	千	百	十	万	千	百	十	元	角	分	
												人民币 亿 仟 佰 拾 万 仟 佰 拾 元 角 分
												人民币 亿 仟 佰 拾 万 仟 佰 拾 元 角 分
												人民币 亿 仟 佰 拾 万 仟 佰 拾 元 角 分

（3）自编金额并在大小写金额书写训练用纸（见表 1-3-4）中分别写出其没有数位分割线的小写金额、有数位分割线的小写金额、没有印大写金额数位的大写金额和印有大写金额数位的大写金额。

表 1-3-4　大小写金额书写训练用纸

小写金额												大写金额
没有数位分割线	有数位分割线											
	亿	千	百	十	万	千	百	十	元	角	分	
												人民币 亿 仟 佰 拾 万 仟 佰 拾 元 角 分
												人民币 亿 仟 佰 拾 万 仟 佰 拾 元 角 分
												人民币 亿 仟 佰 拾 万 仟 佰 拾 元 角 分
												人民币 亿 仟 佰 拾 万 仟 佰 拾 元 角 分

续表

小写金额												大写金额
没有数位分割线	有数位分割线											
	亿	千	百	十	万	千	百	十	元	角	分	
												 人民币　亿　仟　佰　拾　万　仟　佰　拾　元　角　分
												 人民币　亿　仟　佰　拾　万　仟　佰　拾　元　角　分
												 人民币　亿　仟　佰　拾　万　仟　佰　拾　元　角　分
												 人民币　亿　仟　佰　拾　万　仟　佰　拾　元　角　分
												 人民币　亿　仟　佰　拾　万　仟　佰　拾　元　角　分
												 人民币　亿　仟　佰　拾　万　仟　佰　拾　元　角　分
												 人民币　亿　仟　佰　拾　万　仟　佰　拾　元　角　分
												 人民币　亿　仟　佰　拾　万　仟　佰　拾　元　角　分
												 人民币　亿　仟　佰　拾　万　仟　佰　拾　元　角　分
												 人民币　亿　仟　佰　拾　万　仟　佰　拾　元　角　分
												 人民币　亿　仟　佰　拾　万　仟　佰　拾　元　角　分

五、实训心得

____

____

____

____

____

任务 4　中文大写日期的书写技能实训

一、实训目标

能正确、规范、整齐、美观、流畅地书写大写日期。

二、实训所需用品

实训题纸、黑色字迹财会专用笔、红色字迹财会专用笔(可在更正错误时使用)。

三、实训所需相关理论知识

1. 年份的书写

年份按照公历习惯以中文大写数字完整书写，如 2019 年的大写为贰零壹玖年。

2. 月份的书写

(1) 1 月、2 月和 10 月，应在月份前加写“零”字，即 1 月的大写应为零壹月；2 月的大写应为零贰月；10 月的大写应为零壹拾月。

(2) 3~9 月，不需要在月份前加写“零”字，直接书写，如 3 月的大写为叁月。

(3) 11 月和 12 月，应在其前加写“壹”字，即 11 月的大写应为壹拾壹月；12 月的大写应为壹拾贰月。

3. 日数的书写

(1) 1~9 日和 10 日、20 日、30 日，应在其前加写“零”字，即 1~9 日大写应为零壹~玖日；10 日的大写应为零壹拾日；20 日的大写应为零贰拾日；30 日的大写应为零叁拾日。

(2) 11~19 日，应在其前加写“壹”字，即 11~19 日的大写应为壹拾壹日~壹拾玖日。

(3) 21~29 日和 31 日，不需要在月份前加写“零”字，直接书写，如 21 日的大写为贰拾壹日。

四、实训内容

(1) 写出下列小写日期的大写日期。

2010 年 1 月 5 日　　大写：________________

2010 年 6 月 13 日　　大写：________________

2011 年 10 月 30 日　　大写：________________

2011 年 9 月 20 日　　大写：________________

2010 年 11 月 30 日　　大写：________________

2011 年 12 月 28 日　　大写：________________

2011 年 11 月 21 日　　大写：________________

2011 年 12 月 31 日　　大写：________________

2011 年 5 月 17 日　　大写：________________

2011 年 7 月 16 日　　大写：________________

2009 年 11 月 12 日　　大写：________________

2012 年 10 月 10 日　　大写：________________

2016 年 12 月 30 日　　大写：________________

2016 年 1 月 9 日　　大写：________________

2017 年 2 月 8 日　　大写：________________

(2) 将 2019 年 1 月的小写日期用中文大写在表 1-4-1 表示出来。

表 1-4-1　实训练习

2019 年 1 月			大写：			
日	一	二	三	四	五	六
–	–	1	2	3	4	5
–	–					
6	7	8	9	10	11	12
13	14	15	16	17	18	19
20	21	22	23	24	25	26
27	28	29	30	31	–	–
					–	–

五、实训心得

模块二

财经计算工具操作技能实训

任务 1　电子计算器的操作技能实训

一、实训目标

(1)能准确、快速找键。

(2)能用规范的手法操作计算器。

(3)能准确、快速地进行加、减、乘、除运算。

二、实训所需用品

电子计算器、黑色字迹财会专用笔、红色字迹财会专用笔、空白书写用纸。

三、实训所需相关理论知识

1. 简单型电子计算器(见图 2-1-1)常用键的功能(见表 2-1-1)

图 2-1-1　简单型计算器

表 2-1-1　简单型电子计算器常用键的功能说明

按键	键位名称	功能
ON/AC	电源开启键/清除键	按下此键即接通电源或清除计算器内存所有内容
OFF	电源关闭键	按下此键切断电源
M+	累加键	将输入的数或运算过程中的中间结果进行累加，即将输入的数字或运算的中间结果存入存储器，然后与存储器中原有的数相加
M-	累减键	将输入的数或运算过程中的中间结果进行累减，即将输入的数字或运算的中间结果存入存储器，然后从存储器中原有的数中减去后输入的数字或运算的中间结果
MRC	存储读出和清除键	第一次按此键显示存储数，第二次按此键从存储器中删除存储数
GT	总和计算键	按一次此键可以将按了等号后的数值进行累加并显示总和，再按一次可清除总和
0~9	数字键	用于输入计算所需要的数字，每按一次(个)键，就输入一位数字
00	快速增零键	每按一次输入两个零
.	小数点键	用于输入小数点
+、-、×、÷	运算键	用来进行基本的加、减、乘、除运算。在显示结果时，加、减、乘、除键都可代替等号键
=	等号键	在各项运算后按此键，可得出运算结果
%	百分比键	用来进行百分比运算。先输入数字，按此键后可直接显示出结果
→	退位键	按此键可清除显示屏上末位数字

2. 计算器的基本操作要领

(1) 坐姿端正。

在操作计算器时，坐姿要端正，身体稍前倾，两腿自然放平。

(2) 握笔正确。

操作中将笔横握在右手掌心(见图 2-1-2)，由大拇指控笔且书写端朝向右侧(见图 2-1-3)。

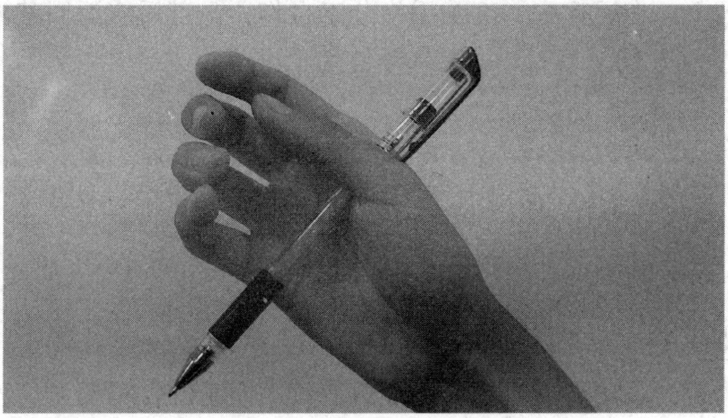

图 2-1-2 笔横握在右手掌心

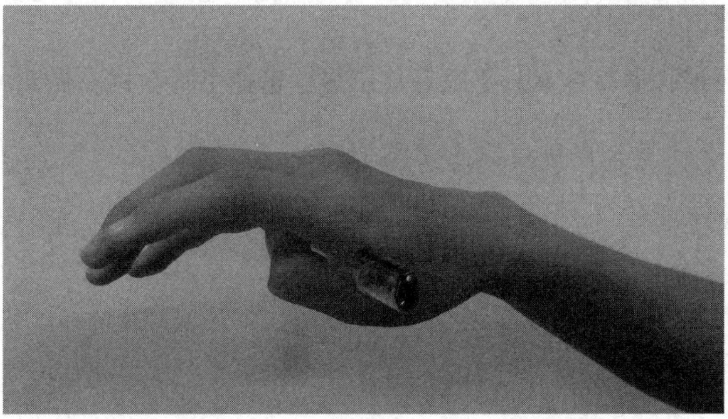

图 2-1-3 笔的书写端朝向右侧

（3）指法规范。

计算器的操作指法就是将计算器的各个基本键位固定地分配给五个手指。具体分配见表 2-1-2。

表 2-1-2 计算器的操作指法

指法	键位
大拇指	握笔
食指	负责 0、1、4、7
中指	负责 00、2、5、8
无名指	负责 .、3、6、9
小拇指	+、-、×、÷、=

注意：“4”“5”“6”为基准键位，分别由食指、中指、无名指负责。在进行运算前，手

指要放在基准键位上；在运算中，五个手指分工合作，击键后应返回基准键位。

【例 2-1-1】 输入数字 5,728.94。

输入的手指分工如下：

5(用中指)、7(用食指)、2(用中指)、8(用中指)、.(用无名指)、9(用无名指)、4(用食指)。

(4) 看数准确。

在计算器上击键时采用分节看数，一次看三位，左手的食指要配合指向正在输入的数字节，即“分节看数，分节指数”。

(5) 书写迅速。

计算完一组数据，书写答案时要眼看显示屏，迅速书写数据，做到“看屏不看笔”。

3. 简单型电子计算器常用按键应用举例

(1) 一步运算类。

【例 2-1-2】 加法运算：27+9=36

操作顺序：27 [+] 9 [=]

显示结果：36

【例 2-1-3】 减法运算 48-36=12

操作顺序：48 [-] 36 [=]

显示结果：12

【例 2-1-4】 乘法运算 15×2=30

操作顺序：15 [×] 2 [=]

显示结果：30

【例 2-1-5】 除法运算

操作顺序：54 [÷] 18 [=]

显示结果：3

(2) 多步混合运算类。

此类运算需要考虑输入顺序。

【例 2-1-6】 加减运算：17+20-36=1，按算式顺序输入

操作顺序：17 [+] 20 [-] 36 [=]

显示结果：1

【例 2-1-7】 乘除运算：13×8÷4=26，按算式顺序输入

操作顺序：13 [×] 8 [÷] 4 [=]

显示结果：26

【例 2-1-8】 加减乘除运算：27+5×9=72，先乘除后加减

操作顺序：5 [×] 9 [+] 27 [=]

显示结果：72

【例 2-1-9】 加减乘除运算：3×(17-8)=27，先括号内后括号外

操作顺序：17 [-] 8 [×] 3 [=]

显示结果：27

（3）改错、删除类。

【例 2-1-10】 改错类：142+14 改为：142+23=165

操作顺序：142 [+] 14 [CE] 23 [=]

显示结果：165

【例 2-1-11】 删除类：1234567 改为：12345

操作顺序：1234567 [→]　　显示结果：123456

[→]　　显示结果：12345

（4）百分比运算类。

【例 2-1-12】 260×32%=83.2

操作顺序：260 [×] 32 [%]

显示结果：83.2

【例 2-1-13】 300÷150%=200

操作顺序：300 [÷] 150 [%]

显示结果：200

（5）加成运算。

【例 2-1-14】 120+120×35%＝162

操作顺序：120 [+] 35 [%]

显示结果：162

（6）折扣运算。

【例 2-1-15】 120-120×35%＝78

操作顺序：120 [-] 35 [%]

显示结果：78

（7）累计与存储类运算。

【例 2-1-16】 利用存储功能将下列算式的计算结果累计起来：

28+49＝77、16×9＝144、-128÷16＝-8

操作顺序：28 [+] 49 [M+]　　显示结果：M　77

16 [×] 9 [M+]　　显示结果：M　144

128 [÷] 16 [M-]　　显示结果：M　8

[MRC]　　显示结果：M　213

【例 2-1-17】 累计与存储运算：(18+25)×(32+41)＝3139

操作顺序：18 [+] 25 [M+]　　显示结果：M　43

32 [+] 41 [×]　　显示结果：M　73

[MRC] =　　显示结果：M　3139

【例 2-1-18】 利用 GT 功能将下列算式的计算结果累计起来：

0.5×10＝　　10×20＝　　50×30＝

操作顺序：0.5 [×] 10＝　　显示结果：5

10 [×] 20＝　　显示结果：200

50 [×] 30＝　　显示结果：1500

GT　　　　　　　　显示结果：1705

四、实训内容

（1）一人随机说出不同按键，另一人快速找出与其对应的键位。

（2）一人读 123+321+213+312=，另一人打出合计数。

（3）一人读 456+654+546+645=，另一人打出合计数。

（4）一人读 789+987+879+978=，另一人打出合计数。

（5）一人读 142+214+159+951+748+847=，另一人打出合计数。

（6）一人读 263+362+632+326+478+487=，另一人打出合计数。

（7）一人读 3. 15+2. 04+7. 90+8. 16=，另一人打出合计数。

（8）一人读 9. 34+0. 06+4. 57+6. 82=，另一人打出合计数。

（9）打百子，即从零开始，依次+1，+2，+3，…，+100，最后得 5050。

（10）减百子，先输入 5050，然后依次-1，-2，-3，…，-100，最后得 0。

（11）把 123456789 连加 9 次，和为 1111111101，随后再逐笔减 123456789，直至减完为 0。

（12）把 1234567890 连加 9 次，和为 11111111010，随后再逐笔减 1234567890，直至减完为 0。

（13）把 987654321 连加 9 次，和为 8888888889，随后再逐笔减 987654321，直至减完为 0。

（14）把 9876543210 连加 9 次，和为 88888888890，随后再逐笔减 9876543210，直至减完为 0。

（15）(123+456+789)+(123+456+789)+(123+456+789)+(123+456+789)=

（16）(147+258+369)+(147+258+369)+(147+258+369)+(147+258+369)=

（17）1020304050 连续加 10 次，随后再逐笔减 1020304050。

（18）计算下列各题：

① 32+15=

② 45−23=

③ 64×25=

④ 102÷17=

⑤ 37+25−16.9＝

⑥ 36×2÷3＝

⑦ 1 729+6×14＝

⑧ 6×(32−6)＝

⑨ 354×26%＝

⑩ 170÷135%＝

⑪ 240+240×20%＝

⑫ 380−380×20%＝

⑬ 利用存储功能将 43+23＝66、34×63＝2 142、−144÷24＝−6 的计算结果累计起来。

⑭ 将算式 231+35 改为 231+46＝

⑮ (27+18)×(32+56)＝

⑯ 利用 GT 功能将下列算式的计算结果累计起来：

0.2×10＝　　　20×20＝　　　100×30＝

五、实训心得

____

____

____

____

____

任务 2　计算机数字小键盘操作技能实训

一、实训目标

（1）能准确、快速地找键。

（2）能用规范的手法操作小键盘。

二、实训所需用品

电脑、计算机数字小键盘、数字录入练习软件。

三、实训所需相关理论知识

1. 体态基本要求

（1）端坐在椅子上，坐于椅面的前 1/2~2/3 平面上；腰挺直，上身略向前倾；双足自然舒适地平放在地上，不悬空；双膝合拢约距一拳头宽。

（2）两肩放松，上臂与肘应靠近身躯；大臂与小臂角度为 90°左右；小臂与手腕略向上倾斜；不可拱起手腕，手掌不可放在键盘上或桌面上；两手腕略内扣，不可外分为八字形。

（3）手掌要与键盘表面基本相平，手指稍弯曲，轻放在基本键位上。

2. 数字小键盘的用法

（1）需在“Num Lock”指示灯亮时才能有效录入。

（2）录入过程中，只用右手手指进行操作。

（3）数字小键盘中的基本键位是 4、5、6 数字，分别由右手的食指、中指和无名指负责。其中数字键 5 键为原点键，该键下边有凸起的短横杠，便于触摸定位。

（4）手指分配原则为：右手食指负责“Num Lock，7、4、1”四个键；右手中指负责“/（除），8、5、2”四个键；右手无名指负责“*（乘），9、6、3”和“上档键 .（小数点）或下档键 Del（删除键）”五个键；右侧的“一（减）、十（加）、Enter（回车键）”三个键由小拇指负责；大拇指负责“上档键 0 或下档键 Ins（插入键）”。

（5）在录入过程中，眼睛只看录入数字，不能看键盘、手指或屏幕上打出的资料，以使录入达到最高的速度。

3. 击键基本要求

（1）击键时用各手指第一指关节指肚前端击键。

（2）击键时先使手指抬高离键面 1~2cm，由手指垂直发力，然后迅速击下。

（3）击键完毕，手指应归位到基本键位。

（4）不击键时，手指不可离开基本键位乱动。

（5）击中排键时仅将手指提起击下，击上排键时手腕尽可能不做移动，手指应直接伸出击键；击下排键时手腕做轻微的向下移动，手指略弯曲使手指到位，注意手指不要卷向掌心。

（6）击键要迅速、果断，不能拖拉，不能触动非击键。

（7）击键要有节奏，有弹性，不能紊乱。

四、实训内容

（1）识记小键盘上各按键位置及手指分配原则，如图 2-2-1 所示。

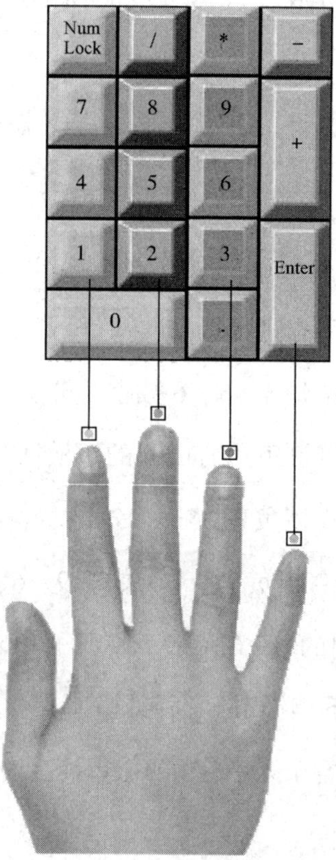

图 2-2-1　各按键位置及手指分配原则

（2）上机练习，一定要按分配原则及击键要求练习，养成良好习惯。

右手逐个指头击键三次，寻找指法和手感，揣摩击键的方法；配合练习软件屏幕的提示，寻找正确的键位，找手感提速度。

(3) 进行指法练习时，熟记各键的键位，逐步实现盲打。

利用练习软件，只看录入数字，实行盲打。

五、实训心得

____

____

____

任务3 传票翻打机数字小键盘操作技能实训

一、实训目标

(1) 能准确、快速地找键。

(2) 能用规范的手法操作小键盘。

二、实训所需用品

大连爱丁数码产品公司爱丁学生派 7418i 输入设备(见图 2-3-1)、传票本(见图 2-3-2)。

图 2-3-1 大连爱丁数码产品公司爱丁学生派 7418i 输入设备

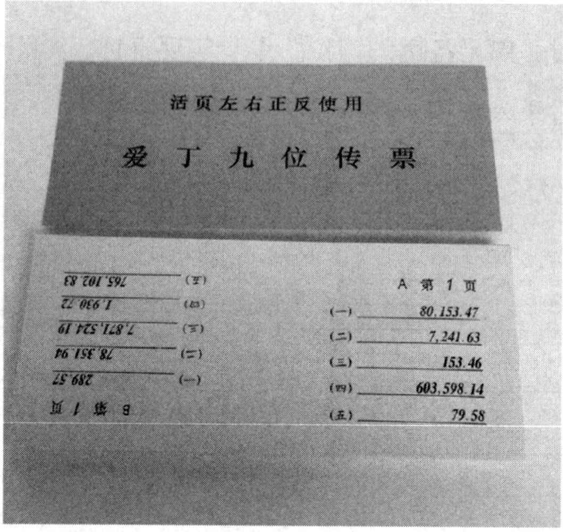

图 2-3-2　传票本

三、实训所需相关理论知识

1. 体态基本要求

与计算机数字小键盘的操作要求相同，见本模块任务 2“计算机数字小键盘操作技能实训”，此处略。

2. 数字小键盘的用法

与计算机数字小键盘的操作要求相同，见本模块任务 2“计算机数字小键盘操作技能实训”，此处略。

3. 击键基本要求

与计算机数字小键盘的操作要求相同，见本模块任务 2“计算机数字小键盘操作技能实训”，此处略。

4. 大连爱丁数码产品公司爱丁学生派 7418i 输入设备数字小键盘的操作训练

借助于大连爱丁数码产品公司爱丁学生派 7418i 输入设备中的“传票录入”“数字传票录入”“计算器”等功能模块，可以对数字小键盘的操作技能进行训练。

（1）“传票录入”模块的内容及功能(见表 2-3-1)。

表 2-3-1 “传票录入”模块的内容及功能

内容	传票录	传票算
功能	“传票录”为录入传票中的数字，分为“传票录练习”和“传票录测试”。在进行“传票录练习”和“传票录测试”时，选择所要练习和测试的票面后即可进行练习和测试	“传票算”为计算传票中的每组数字之和，分为“传票算练习”和“传票算测试”。练习可设置时间，测试可以统一设置时间、起始页、行次进行测试

注意：表 2-3-1 中的“传票录入”界面右下角可以统一对“传票录”和“传票算”设置“传票选择”“每组题数”“跳转方式”。

(2) “数字传票录入”模块的内容及功能(见表 2-3-2)。

表 2-3-2 “数字传票录入”模块的内容及功能

内容	基础练习	综合练习			传票录	传票算
		综合	分组	条形码		
功能	可完成基准键位、食指、中指、无名指、大拇指和小拇指的练习	设置“扣分系数、时间设置、字符范围”后即可开始数字的录入练习	设置“每组题数、时间设置、每题(数字)的位数(6～15)、字符范围”后即可进行数字的录入练习或测试	设置“每组题数、时间设置”后即可开始进行条形码数字的录入练习或测试	“传票录”为录入传票中的数字。在选定传票本的类型后，设置“选择票面、跳转方式、每组页数、时间设置”即可进行练习或者测试	“传票算”为计算传票中的每组数字之和。在选定传票本的类型后，设置“选择票面、跳转方式、每组页数、时间设置、起始页、起始行”即可进行练习或者测试

注意：表 2-3-2 中的“分组”和“条形码”的“开始练习”，录入数字错了会提醒，“开始测试”录入数字错了不会提醒。

四、实训内容

(1) 使用爱丁学生派 7418i 输入设备的“数字传票录入”功能模块，进行数字小键盘录入数字练习。

（2）使用爱丁学生派 7418i 输入设备的“传票录入”功能模块，进行数字小键盘录入数字练习。

五、实训心得

____

____

____

____

____

任务 4　珠算操作技能实训

一、实训目标

（1）能用三指拨珠指法规范拨珠。

（2）能准确、快速地进行加、减运算。

二、实训所需用品

算盘、笔、计算题纸。

三、实训所需相关理论知识

1. 算盘的结构

算盘呈长方形，由边(框)、梁、档、珠四个基本部分所组成。改进后的算盘又增加了清盘器、计位点和垫脚装置。算盘的正面如图 2-4-1 所示，算盘的背面如图 2-4-2 所示。

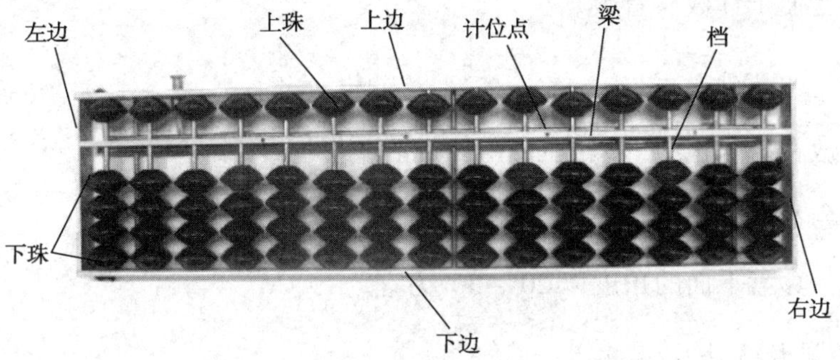

图 2-4-1 算盘的正面

图 2-4-2 算盘的背面

（1）边（框）：固定算盘四周的框架，用以固定算盘的梁、档、珠各部分。

（2）梁：平行于上框与下框之间的横梁，将盘面分为上、下两部分，使梁上珠、梁下珠分别表示不同数值。用算盘进行计算时，靠梁的动作叫作“拨入”，离梁的动作叫作“拨去”。

（3）档：连接上下两边穿过横梁的细柱，用以穿连算珠并表示数位。

（4）珠：又称算珠或算盘子，用来表示数值。梁上部分的珠叫上珠，梁下部分的珠叫下珠。靠梁的算珠叫内珠，靠边的算珠叫外珠。

（5）清盘器：安装在横梁下面，用以使算珠全部离梁靠框的装置，其操作按钮装在算盘上边的左端。

（6）垫脚：装在算盘左右两边底面，共三个，起稳定算盘和便于推（拉）算盘下面的计算资料的作用。

（7）计位点：在梁上标记出的小圆点，作为计位标记，每隔三档一点，每点在两档之间，主要作用是便于计数与看数。

2. 操作姿势

（1）算盘放在身前正中，离桌面10～15cm处。

（2）手指与盘面的距离0.5～1.5cm。

（3）手臂与算盘平面的角度以20°～30°为宜。

3. 算盘的记数方法

（1）数的组成。

数在算盘上用算珠表示，梁上珠每颗珠表示“5”，梁下珠每颗珠表示“1”。

（2）计位点的作用。

通常情况下要选一点作为小数点，小数点的左边第一档为“个位档”，左二为“十位档”，依次向左为“百位档”“千位档”。

（3）记数。

记数就是把要表示的数值按位数拨珠靠梁。将算纸上的数字按照“三位一节”的方法，从高位开始每一次看一节。计算前将第一笔数字拨入盘上的动作叫“置数”或“布数”。

4. 清盘

在每次置数运算之前，要使算盘上的所有算珠都离梁靠边，使全盘成为空盘，这个过程叫作清盘。

带清盘器的算盘，用左手中指或无名指按清盘器清盘。

无清盘器的算盘，可用右手大拇指和食指合并捏成钳形，沿算盘横梁上、下两侧(大拇指在梁下，食指在梁上)，从左向右迅速移动，依靠手指对算珠的推弹力，使算珠离梁靠边，但应注意两指用力要均匀适当，做到指过盘清。

5. 握笔

打算盘时，要握笔拨珠，计算完毕，随时写出结果。握笔的方法有很多种，比较常用的是掌心握笔法，即用小拇指与无名指将笔握在掌中心，笔尖从小拇指根部探出，如图2-4-3、图2-4-4所示。

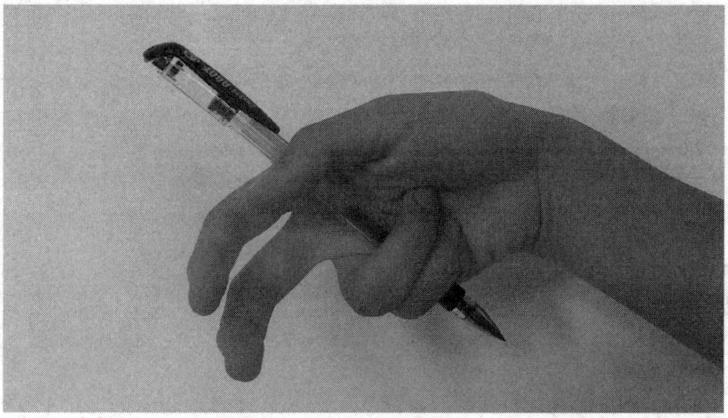

图 2-4-3　掌心握笔法 1

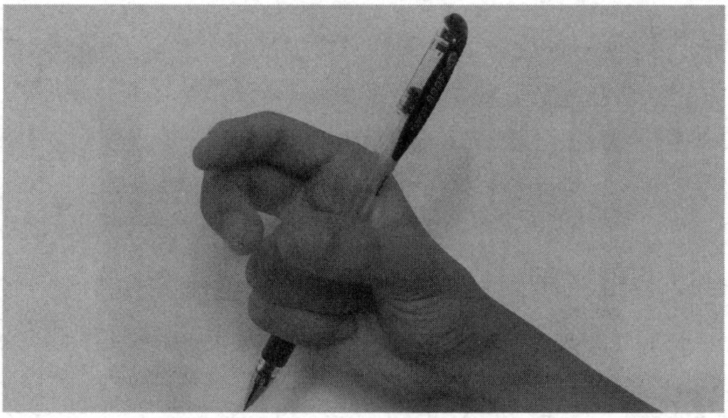

图 2-4-4　掌心握笔法 2

6. 用品摆放

计算资料可摆放在算盘左方偏上的位置，也可放在算盘下面，具体位置以拨珠方便为宜。计算时，左手指数，并随着计算把计算资料向上推，使其计算的行数尽量与盘面的距离接近，以便看数，拨珠。为了节约答案书写时间，提高运算速度，在进行计算时应握笔拨珠。

7. 拨珠的指法

(1) 手指的分工。

大拇指：主管下珠往上拨去靠梁(口诀里称为“上”，如一上 1)。

食指：主管下珠往下拨让其离梁(口诀里称为“去”，如一去 1)。

中指：完成上珠的靠梁和离梁(也就是上珠的“下”和“去”，即加五或减五)。

(2) 拨珠方法。

① 单指独拨。

a. 大拇指——拨下珠靠梁。

口诀：一上1、二上2、三上3、四上4。

【例2-4-1】 1+1，1+2，2+2，3+1

b. 食指——拨下珠离梁。

口诀：一去1、二去2、三去3、四去4。

【例2-4-2】 2-1，3-2，4-3，4-4

c. 中指——拨上珠靠梁和离梁。

口诀：五上5、五去5。

【例2-4-3】 1+5，7-5

② 两指联拨。

a. 双合双分。

双合——中指和大拇指同时拨珠靠梁。

口诀：六上6、七上7，八上8、九上9。

【例2-4-4】 0+6，1+6，2+7，1+8

双分——食指和中指同时拨珠离梁。

口诀：六去6、七去7，八去8、九去9。

b. 双上双下。

双上——中指拨上珠离梁的同时大拇指拨下珠靠梁。

【例2-4-5】 5 555-1 234

口诀：一上4去5、二上3去5、三上2去5、四上1去5。

双下——中指拨上珠靠梁的同时食指拨下珠离梁。

【例2-4-6】 4 321+1 234

口诀：一下5去4、二下5去3、三下5去2、四下5去1。

c. 扭进扭退。

扭进——食指拨本档下珠离梁的同时大拇指拨左一档下珠靠梁。

【例2-4-7】 1 234+9 876

口诀：九去1进1、八去2进1、七去3进1、六去4进1。

扭退——食指拨左一档下珠离梁的同时大拇指拨本档下珠靠梁。

【例 2-4-8】 11 110-9 876

口诀：九退1还1、八退1还2、七退1还3、六退1还4。

③ 三指联拨。

a. 进位。

用食指和中指拨本档上下珠离梁的同时用大拇指拨前档下珠靠梁。

【例 2-4-9】 6 789+4 321

口诀：四去6进1，三去7进1，二去8进1、一去9进1。

b. 退位。

用食指拨前档下珠离梁的同时用大拇指和中指拨本档上下珠靠梁。

【例 2-4-10】 1 110-4 321

口诀：四退1还6，三退1还7，二退1还8、一退1还9。

8. 珠算加法

(1) 加法口诀(见表2-4-1)。

表 2-4-1　加法口诀

加数	不进位的加		进位的加	
	直加	满五加	进十加	破五进十加
一	一上2	一下5去4	一去9进1	
二	二上2	二下5去3	二去8进1	
三	三上3	三下5去2	三去7进1	
四	四上4	四下5去1	四去6进1	
五	五上5		五去5进1	
六	六上6		六去4进1	六上1去5进1
七	七上7		七去3进1	七上2去5进1
八	八上8		八去2进1	八上3去5进1
九	九上9		九去1进1	九上4去5进1

注意：

① 口诀表中，每句口诀的头一个字，表示加数。后面的字，表示拨珠的动作和所拨算珠代表的数。

② 口诀中的"上"表示拨下珠靠梁；"下"表示拨上珠靠梁；"去"表示拨算珠离梁；"进"表示在左一档上加。

(2) 加法口诀具体运用。

① 直接的加。

直接的加是指在被加数上需要加多少就直接拨多少，只需要按照加数拨珠靠梁即可。

口诀：一上1，二上2，三上2，四上4，五上5，六上6，七上7，八上8，九上9。

【例2-4-11】 234+765=999

a. 从百位档开始拨入234。

b. 先加百位数7(七上7)。

c. 再加十位数6(六上6)。

d. 最后加个位数5(五上5)。

② 满五的加。

满五的加，是指被加数只有下珠，在加1、加2、加3、加4时满五，必须拨一个上珠靠梁当"5"，并在下珠中拨去多加的部分，即称为"五升"。

口诀：一下5去4，二下5去3，三下5去2，四下5去1。

【例2-4-12】 334+324=658

a. 从百位档开始拨入334。

b. 先加百位数3(三下5去2)。

c. 再加十位数2(二下5去3)。

d. 最后加个位数4(四下5去1)。

③ 进一的加。

进一的加是指两数相加，其和满十或者超过十，要向左一档进一，并在本档减去多加的部分，即称为"十进"。

口诀：一去9进1，二去8进1，三去7进1，四去6进1，五去5进1，六去4进1，七去3进1，八去2进1，九去1进1。

【例2-4-13】 357+958＝1 315

a. 从百位档开始拨入357。

b. 先加百位数9(九去1进1)。

c. 再加十位数5(五去5进1)。

d. 最后加个位数8(八去2进1)。

④ 去五进一的加。

去五进一的加是指上珠已靠梁，在加6、加7、加8、加9各数时必然满十，本档不够加，向前档进一，但多加部分又不能在本档下珠上直接减去，必须拨去上珠，并用下珠补还拨去上珠而多减去的部分。

口诀：六上1去5进1，七上2去5进1，八上3去5进1，九上4去5进1。

【例2-4-14】 568+986＝1 554

a. 从百位档开始拨入568。

b. 先加百位数9(九上4去5进1)。

c. 再加十位数8(八上3去5进1)。

d. 最后加个位数6(六上1去5进1)。

(3) 一目三行直加法基础与技巧。

① 基本方法。

在竖式加法运算中，用心算求出三行相同位数上的代数和，然后拨入对应档位的运算方法。

② 技巧。

a. 三个相同数相加，其和是这个数的3倍，如4+4+4＝3×4＝12。

b. 三个等差数列相加，其和是中间的数乘以3，如3+4+5＝4×3＝12。

c. 其中两个数相同，一个数不同，其和是相同的数乘以3加(减)多余(不足)的数，不相同的数大几就加几，少几就减几，如5+5+6＝3×5+1＝16。

d. 凑十、凑二十的数。若三个数中有两个数之和是10，先凑整，再另加。如2+8+4＝10+4＝14，9+8+3＝20。

9. 珠算减法

(1) 减法口诀(见表2-4-2)。

表2-4-2 减法口诀

减数	不退位的减		退位的减	
	直减	破五减	退位减	退十补五的减
一	一去1	一上4去5	一退1还9	
二	二去2	二上3去5	二退1还8	
三	三去3	三上2去5	三退1还7	
四	四去4	四上1去5	四退1还6	
五	五去5		五退1还5	
六	六去6		六退1还4	六退1还5去1
七	七去7		七退1还3	七退1还5去2
八	八去8		八退1还2	八退1还5去3
九	九去9		九退1还1	九退1还5去4

注意：

① 口诀表中，每句口诀的头一个字，表示减数。后面的字，表示拨珠的动作和所拨算珠代表的数。

② 口诀中的“上”表示拨下珠靠梁；“下”表示拨上珠靠梁；“去”表示拨算珠离梁；“退”表示在左一档上减，“还”表示在本档上加。

(2) 减法口诀具体运用。

① 直接的减。

直接的减是指在本档上能够直接相减的运算，只需要按照减数拨珠离梁。

口诀：一去1，二去2，三去3，四去4，五去5，六去6，七去7，八去8，九去9。

【例2-4-15】 789-132=657

a. 从百位档开始拨入789。

b. 先减百位数1(一去1)。

c. 再减十位数3(三去3)。

d. 最后减个位数 2(二去 2)。

② 破五的减。

破五的减是指不能直接从本档下珠减去比五小的数，必须将上珠破开才能相减。

口诀：一上 4 去 5，二上 3 去 5，三上 2 去 5，四上 1 去 5。

【例 2-4-16】 657-324=333

a. 从百位档开始拨入 657。

b. 先减百位数 3(三上 2 去 5)。

c. 再减十位数 2(二上 3 去 5)。

d. 最后减个位数 4(四上 1 去 5)。

③ 退一的减。

退一的减是指当本档被减数小于减数，必须从左一档减 1 借到本档作 10 才够减，其差能在本档上直接加还。

口诀：一退 1 还 9，二退 1 还 8，三退 1 还 7，四退 1 还 6，五退 1 还 5，六退 1 还 4，七退 1 还 3，八退 1 还 2，九退 1 还 1。

【例 2-4-17】 1 310-956=354

a. 从千位档开始拨入 1 310。

b. 先减百位数 9(九退 1 还 1)。

c. 再减十位数 5(五退 1 还 5)。

d. 最后减个位数 6(六退 1 还 4)。

④ 退一补五的减。

退一补五的减是指在本档上被减数只有下珠靠梁，不够减 6、减 7、减 8、减 9，必须从其左一档减 1 借到本档作 10 才够减，加还其差时，需要动用上珠 5。

口诀：六退 1 还 5 去 1，七退 1 还 5 去 2，八退 1 还 5 去 3，九退 1 还 5 去 4。

【例 2-4-18】 1 234-676=558

a. 从千位档开始拨入 1 234。

b. 先减百位数 6(六退 1 还 5 去 1)。

c. 再减十位数 7(七退 1 还 5 去 2)。

d. 最后减个位数 6(六退 1 还 5 去 1)。

⑤ 隔位退位和前位破五的减法。

在借位减法中，如果需要在前档“退 1”，前档只有“0”或“5”，不能直接退 1 时，必须在前档上“一退 1 还 9”或“一上 4 去 5”，才能往下减算，这样的减法分别叫作“隔位退位的减法”和“前位破五的减法”。如果前档有两个或两个以上的“0”，必须用口诀“一退 1 还 99，二退 1 还 98……，九退 1 还 91”。同样的道理，当左边一连若干档都是零时，要退位，就相应用口诀：一退 1 还 999，等等，依次类推。

【例 2-4-19】 5 684-686＝4 998

a. 从千位档开始拨入 5 684。

b. 先减百位数 6(六去 6)。

c. 再减十位数 8(八去 8)。

d. 最后减个位数 6(六退 1 还 994)。

(3) 倒减法。

倒减法是在减法计算中，当减数大于被减数时，在被减数最高位的前一位虚借 1，而后照常完成运算求出差来。

如：678-789＝-111　　153-689＝-545　　342-453＝-111　　264-578＝-314

运算规律：见加就加，见减就减；不够减时，虚借再减；借大还小，随借随还。

① 借了已还，答数是盘面数。

要点：借了已还，其值为正。

【例 2-4-20】 342-453+567＝456

a. 从百位档开始拨入 342。

b. 先减百位数 4(虚借 1，四退 1 还 6)。

c. 再减十位数 5(五退 1 还 5)。

d. 再减个位数 3(三退 1 还 7)。

e. 百位加 5 进一，不进，归还 1。

f. 十位加 6(六上 1 去 5 进 1)。

g. 个位加 7(七去 3 进 1)，答数为 456。

② 借了未还，答数是盘面数的负补数。

要点：借了未还，其值为负；负看外珠，末位加 1。

【例 2-4-21】 456-712=-256

a. 从百位档开始拨入 456。

b. 先减百位数 7(虚借 1，七退 1 还 3)。

c. 再减十位数 1(一上 4 去 5)。

d. 再减个位数 2(二上 3 去 5)。

e. 答数不是内珠 744，是 744 的外珠，末位加 1，为-256。

③ 借了又借。

要点：借大还小，随借随还。即某一档虚借 1 未还，又不够减需再借 1，就在未还虚借 1 的前一(几)档上借，并将前一次虚借的“1”还上，最终调整为只借 1。

【例 2-4-22】 1,258-3,427-8,259=-10,428

a. 从千位档开始拨入 1,258。

b. 先减千位数 3(在万位档虚借 1，三退 1 还 7)。

c. 再减百位数 4(四退 1 还 6)。

d. 再减十位数 2(二上 3 去 5)。

e. 再减个位数 7(七去 7)。

f. 减千位数 8(在十万位档虚借 1，还上万位档上虚借的“1”，万位档上拨 9，千位档：八退 1 还 2)。

g. 减百位数 2(二去 2)。

h. 减十位 5(五退 1 还 5)。

i. 减个位 9(九退 1 还 1)，答数为外珠-10,428。

四、实训内容

(1) 加百子。

从个位档开始，从 1 起，连续加 2、3、4…100，答案为 5,050。

(2) 减百子，先拨入 5,050，然后依次-1、-2、-3…-100，最后得 0。

(3) 九盘清。

先在算盘上拨入 123,456,789，再在各档分别加上 123,456,789，加一次称为一盘，加九次称为九盘，连同原数一共加了十遍，得到 1,234,567,890，称为九盘清。

（4）先在算盘上拨入 1,234,567,890，连减 123,456,789 十遍，得到 0。

（5）三盘清。

先将 123,456,789 拨在算盘上，然后看到档上的数是多少就加多少，加三次后，算盘上的数字为 987,654,312，再在最末一位加 9，得 987,654,321，正好是原数倒过来。三盘清又叫“见子打子，三回头”。

（6）一条心。

将 625 连续加 16 次，得 10,000，所以叫“一条心”。

（7）完成表 2-4-3 中的加算题练习。

表 2-4-3　加算题练习

直接的加				
657	652	325	621	364
132	147	124	217	615
满五的加				
214	344	342	343	434
341	214	413	324	341
进一的加				
257	765	387	257	234
853	595	898	954	987
去五进一的加				
855	558	575	786	567
698	986	678	768	987

（8）完成表 2-4-4 中的减算题练习。

表 2-4-4　减算题练习

直接的减				
899	449	347	979	764
-601	-124	-126	-523	-253
破五的减				
555	665	558	557	576
-341	-234	-134	-213	-432
退一的减				
1 110	2 567	3 241	1 676	3 612
-853	-678	-357	-987	-789
退一补五的减				
1 443	3 244	3 434	1 344	1 334
-678	-689	-678	-768	-679
隔位退位和前位破五的减法				
5 693	3 415	3 648	1 554	1 345
-698	-416	-649	-558	-346

（9）完成表 2-4-5 中的倒减算题练习。

表 2-4-5　倒减算题练习

674	476	648	847	176
-896	-597	-454	-958	-283
463	-1 265	-231	467	-221

续表

-237	-2 632	-892	-582	-357
163	8 457	368	-347	-612

五、实训心得

模块三
财经计算工具运用技能实训

任务1　账表算技能实训

一、实训目标

能快速、准确地进行账表算。

二、实训所需用品

电子计算器(或电子计算机小键盘或算盘或传票翻打机)、账表算题、黑色字迹财会专用笔、红色字迹财会专用笔(可在更正错误时使用)。

三、实训所需相关理论知识

1. 账表算的概念

账表算又称表格算、表册算，是日常经济工作中最常见的加减运算形式，也是会计工作日常结账和汇总数字的重要方法，是类似于账表汇总的一种核算的方式，是会计核算中的一项基本技能。账表算是将表格中的横向、纵向数字分别合计，然后再将横向、纵向汇总轧平的一种汇总数据的计算方法。

账表算的格式，如表3-1-1所示。

表 3-1-1　账表算 1

序号	一	二	三	四	五	合计
1	8,269,537	73,165	2,738	7,208,319	50,879	
2	6,451	179,354	8,705	42,536	6,934,708	
3	7,840,216	9,052	4,219,705	14,705,283	-13,845	
4	7,834	18,362,097	27,190,486	31,965	759,021	
5	596,102	83,421,679	34,095	1,850,724	8,962	
6	2,104,368	38,596	6,508,124	49,576,081	245,170	
7	13,579	53,148	526,184	2,653	23,067,518	
8	462,587	4,865,203	73,958,601	870,639	91,453	
9	85,693	940,817	6,782,940	1,407	67,394,208	
10	34,059,721	2,684,107	43,015	3,187,269	8,367	
11	643,105	7,281	9,471,362	95,036,824	9,120,654	
12	90,527,316	48,729	16,0594	6,124	1,560,937	
13	12,084	590,436	9,732	-895,673	40,679,182	
14	8,479	5,209,613	65,084,237	71,045	23,548	
15	387,215	6,4781,305	32,981	-650,492	4,710	
16	45,930,762	78,310,925	371,569	2,518,906	807,324	
17	94,803	975,280	26,784,513	3,187	-4,356,208	
18	26,085,493	6,540,972	93,840	84,267,390	5,619	
19	9,708,215	1,463	825,036	94,357	32,749,651	
20	1,079	6,042	1,679	419,087	132,896	
合计						

2. 账表算的步骤

（1）可先横向计算，也可先纵向计算。

（2）将某列或某行计算完毕后，把合计数写在相应的“合计”栏中。

（3）当所有纵向数和横向数都计算完毕，将纵向数或横向数的合计数加在一起作为账表总合计数，填写在账表右下角的纵横合计的交叉格内，若纵向总合计数与横向总合计数相同，则表示账表轧平。

3. 账表算的查错

（1）查找差错的步骤。

① 把横向、纵向的合计数重算一遍，找出两个得数不相符的原因。

② 分析差错，判断差错原因，查找错误。

③ 调整差错。

（2）验证与查找差错的方法。

① 差额9除法：先求出账表横、纵合计结果的差额，将差额除以9，看是否能被9整除。若能，说明差错是由于错位造成的，也可能是两位数颠倒位置造成的，就应从这些方面去找差错。

② 差额折半法：先求出账表横、纵合计结果的差额，如果表中没有该差额，再看该差额是否为偶数，若是，再将该差额折半，看表中是否有该折半数。若有，则有可能是运算时出现反向，即应加误减或应减误加。可先查纵行，再查横行。

③ 尾数复核法：如果账表横、纵合计的结果差尾数或末尾二、三位数，可将尾数或末尾二、三位数重算一次。

④ 差额查找法：先求出账表横、纵合计结果的差额，看表中是否有该差数。若有，则有可能是计算过程中出现漏数或重记数的错误。

4. 计算器账表算操作要领提示

（1）用品摆放。在使用计算器进行账表算时，算具与算纸的摆放位置要合理。正确的摆放应该是算具与算纸放置在桌面靠近身体的一边，以便于操作为原则，计算器在右账表在左。

（2）纵向计算。第一列从上往下计算，第二列至最后一列则从下往上计算。这样做的好处是：书写答案的位置离将要开始录入的数字保持最近的距离，便于快速衔接，防止串列。

（3）横向计算。第一行从左往右计算，第二行至最后一行则从右往左计算。这样做的好处是：书写答案的位置离将要开始录入的数字保持最近的距离，便于快速衔接，防止串行。

（4）为了核对横行、纵行的总计数是否相符，要注意用好 GT 键，该键连续按两次就可以消除前面输入数据的总计。

（5）每组合计数的得出一定要使用“=”号键，不可用“+”号键等计算键代替，否则会影响 GT 键的使用。

5. 计算机小键盘账表算操作要领提示

计算机小键盘账表算操作要领与计算器账表算操作要领相同，这里不再赘述。

6. 珠算账表算操作要领提示

（1）账表算纵向题的计算方法：账表中的纵向题与珠算等级练习题相同，可采用一目三行简捷算法，根据自己加减练习习惯进行运算即可。把账表放在算盘下面，左手指数，并随着计算把账表向上推，使其计算的行数尽量与盘面的距离接近，以便看数、拨珠、抄写计算结果能快速进行。

（2）账表算横向题的计算方法：账表算横向题较好的打法是“钟摆式”，即第一个数从高位往低位打，第二个数从低位往高位打，第三个数从高位往低位打，第四个数从低位往高位打，以此类推。在账表算横向题计算时，把账表放在算盘下面，左手指数，并随着计算把账表向上推。左手指点数码，除了指点一行数字以外，还可以同时指出横向左右相邻的两个数的同位数字，用心算相加，然后再拨珠入盘。左手在指点左右相邻的两个数的同位数字时，要视其两个数的距离大小，选用左手的食指和中指，或食指和无名指，或食指和小拇指，指点数码进行运算。

7. 传票翻打机账表算实操步骤

本书以大连爱丁数码产品公司爱丁学生派 7418i 输入设备的使用为例。使用爱丁学生派 7418i 进行账表算，具体操作如下：

（1）在学生派主界面点击“基础宝典”，选择“计算应用”，进入到计算应用界面，如图 3-1-1 所示。

（2）选择“账表算”，进入到账表算目录，界面如图 3-1-2 所示。

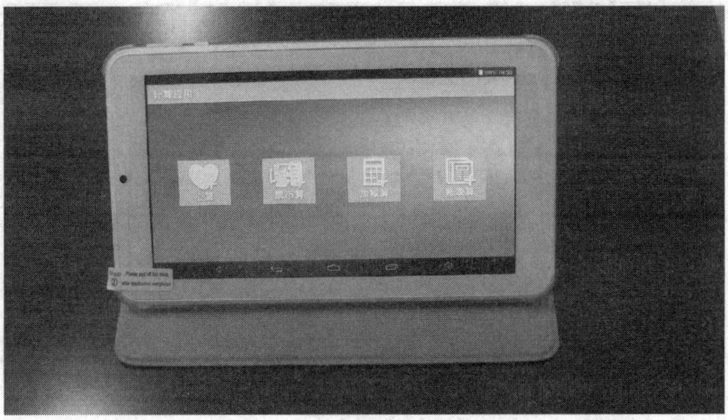

图 3-1-1 计算应用界面

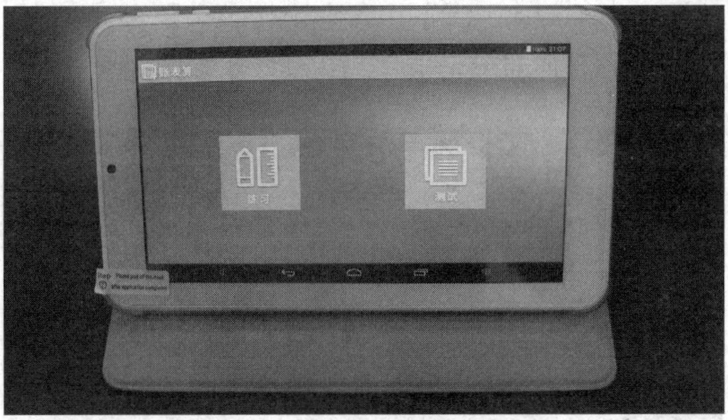

图 3-1-2 账表算目录界面

（3）选择“练习”或选择“测试”，然后选择“先行后列”或“先列后行”，如图 3-1-3、图 3-1-4 所示。

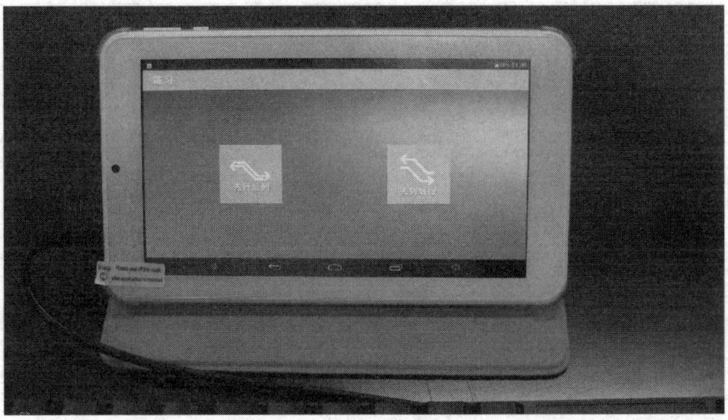

图 3-1-3 选择“练习”界面

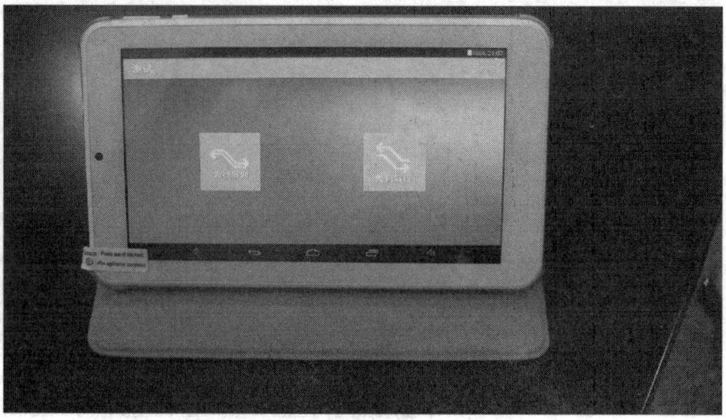

图 3-1-4　选择“测试”界面

（4）选择完毕后，设置“时间、随机系数”，如图 3-1-5、图 3-1-6 所示，即可开始账表算的练习或测试，录入界面如图 3-1-7、图 3-1-8 所示。

图 3-1-5　“练习”界面的“时间、随机系数”设置

图 3-1-6　“测试”界面的“时间、随机系数”设置

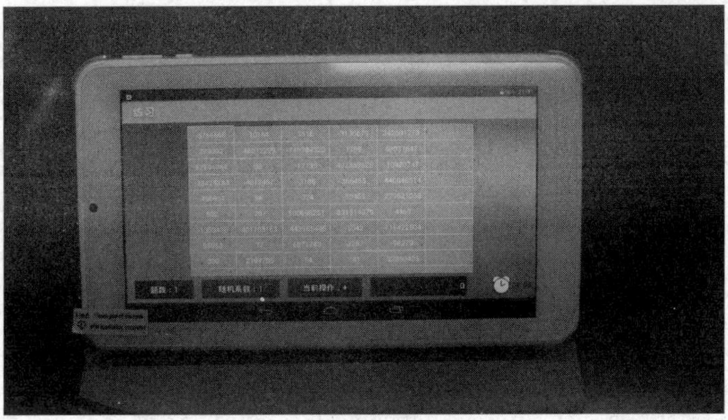

图 3-1-7　账表算的练习界面

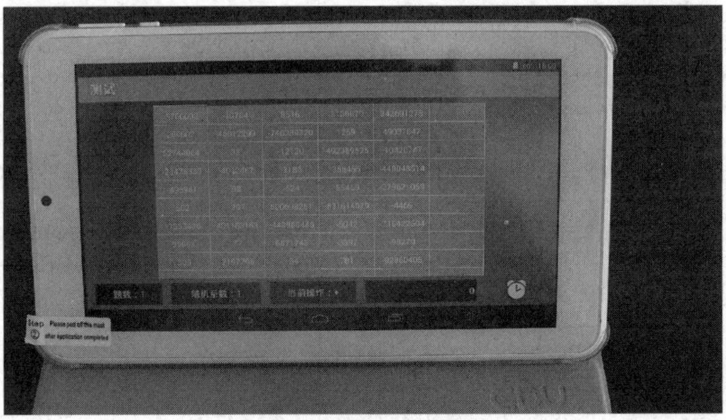

图 3-1-8　账表算的测试界面

测试结束后，如图 3-1-9 所示，学生可以按“F1”发送成绩，此时本次成绩会自动通过无线网络发送到教师机上，并且可以通过计算机将成绩文件转换成 Excel 文档进行编辑和修改。本步骤需要配合 WNAP320 AP 搭建无线网络收发成绩和 WEB 教师端共同使用。练习则不能发送成绩。

图 3-1-9　测试结束后的界面

四、实训内容

(1) 使用电子计算器(或电子计算机小键盘或算盘)准确、快速地完成表 3-1-1~表 3-1-5 的计算。

表 3-1-2　账表算 2

序号	一	二	三	四	五	合计
1	7.89	4,215.30	3,687.01	3,150.42	1,340.52	
2	3,078.61	9.87	846.27	62.09	7,209.18	
3	267.84	6,810.73	61.98	2,071.98	26.09	
4	1,098.70	746.82	2,718.09	628.47	462.87	
5	29.06	69.18	62.90	1,076.38	6,387.01	
6	571.94	8,792.01	975.41	8.97	16.89	
7	5,304.21	69.20	1,403.25	547.19	5.97	
8	290.13	145.79	5.78	91.68	549.71	
9	541.32	9.38	154.32	647.50	650.47	
10	14.29	902.13	93.24	215.34	34.92	
11	91.68	824.76	1,280.79	9,207.81	7,918.20	
12	2,108.97	61.89	29.60	20.69	1,053.42	
13	62.09	9,807.21	514.97	1,504.32	20.96	
14	471.95	92.06	2,043.51	426.78	642.87	
15	3,145.20	159.74	9.78	8,307.61	3,078.61	
16	7.89	2,501.43	6,783.10	16.98	91.86	
17	1,380.67	5.97	826.74	493.61	9.78	
18	647.82	1,760.38	61.98	4.79	147.95	
19	23.94	153.42	8.67	640.57	465.07	
20	7.56	29.34	764.05	92.34	314.52	
合计						

表 3-1-3　账表算 3

序号	一	二	三	四	五	合计
1	591. 74	69. 02	4,153. 20	8,729. 10	7,981. 20	
2	1,253. 40	971. 54	7. 89	3,687. 01	-426. 87	
3	-2. 98	5,203. 41	1,863. 70	462. 78	6,378. 01	
4	3,078. 61	-9. 78	628. 47	-90. 26	91. 68	
5	467. 28	8,671. 03	-89. 61	19. 68	29. 06	
6	-86. 19	786. 24	8,027. 19	-8. 91	8. 97	
7	7,190. 28	19. 86	6. 29	751. 49	5,130. 42	
8	29. 06	9,821. 70	-475. 19	1,035. 24	715. 94	
9	5,840. 63	-764. 05	5. 38	8,406. 53	-39. 42	
10	8. 35	5,840. 67	903. 12	750. 46	5. 83	
11	1,708. 63	-1. 98	468. 72	9,718. 02	7,912. 80	
12	867. 42	1,370. 86	86. 97	8,603. 71	2,135. 04	
13	-69. 61	684. 72	1,709. 82	472. 68	6,301. 87	
14	9,280. 17	-96. 81	-9. 26	-91. 86	-746. 28	
15	96. 20	2,078. 19	417. 95	2. 96	98. 16	
16	547. 19	6. 59	5,302. 14	8. 79	2. 69	
17	2,014. 42	791. 54	8. 79	749. 51	9. 87	
18	-7. 98	4,319. 02	6,870. 13	5,103. 24	975. 41	
19	415. 23	23. 91	-49. 23	-49. 32	4,853. 06	
20	29. 34	321. 54	7. 56	31. 29	-8. 35	
合计						

表 3-1-4　账表算 4

序号	一	二	三	四	五	合计
1	7,298.10	36,251.04	7,821.90	34.72	54,378.09	
2	1,650.42	7,820.19	47.32	6,241.05	2,549.63	
3	47.23	1,562.40	2,398.70	13,052.64	6,214.50	
4	2,930.78	47.23	4,532.96	5,423.96	31,605.24	
5	6,593.24	2,370.98	40,379.58	30,794.58	7,289.01	
6	83,459.70	6,934.25	67.85	2,079.81	8,023.79	
7	67.85	34,079.58	14,623.50	8,290.37	15.86	
8	56,210.34	68.75	25,041.06	58.76	37.42	
9	783.19	75.89	86.91	763.90	193.78	
10	58.91	713.98	310.69	317.89	8,504.17	
11	61.85	2,790.38	2,839.70	42.73	43,580.97	
12	2,879.30	48.73	8,279.01	34,857.90	4,952.36	
13	8,290.71	237.89	97,354.80	5,294.63	2,504.61	
14	30,975.48	4,569.23	42.73	2,641.05	1,630.24	
15	42.37	89,345.70	52,103.64	61,350.42	789.10	
16	51,063.24	67.58	452.06	7,198.20	203.79	
17	2,541.29	46,105.32	86.57	8,032.97	42.37	
18	536.24	2,516.40	9,562.34	78.50	97.58	
19	8,745.01	901.63	7,854.10	206.41	546.23	
20	460.15	563.34	406.21	452.63	624.01	
合计						

表 3-1-5 账表算 5

序号	一	二	三	四	五	合计
1	615.00	7,490.00	307.00	507.00	312.00	
2	3,081.00	385.00	986.00	5,264.00	4,065.00	
3	627.00	3,806.00	7,358.00	153.00	273.00	
4	405.00	580.00	4,503.00	1,687.00	9,108.00	
5	1,639.00	216.00	754.00	402.00	215.00	
6	157.00	1,638.00	2,108.00	9,016.00	8,229.00	
7	2,964.00	943.00	491.00	315.00	647.00	
8	318.00	5,274.00	3,829.00	3,482.00	8,754.00	
9	7,489.00	901.00	168.00	709.00	105.00	
10	607.00	726.00	716.00	426.00	386.00	
11	9,708.00	362.00	2,507.00	8,457.00	384.00	
12	4,985.00	2,710.00	436.00	2,014.00	4,705.00	
13	2,139.00	391.00	7,215.00	706.00	123.00	
14	683.00	5,462.00	934.00	895.00	9,278.00	
15	1,906.00	148.00	1,408.00	5,239.00	951.00	
16	425.00	4,509.00	637.00	948.00	3,165.00	
17	5,809.00	135.00	8,549.00	712.00	694.00	
18	172.00	706.00	198.00	803.00	736.00	
19	640.00	312.00	382.00	941.00	1,908.00	
20	875.00	749.00	9,265.00	235.00	5,472.00	
合计						

（2）使用大连爱丁数码产品公司爱丁学生派7418i输入设备准确、快速地进行账表算。

五、实训心得

任务2　传票算技能实训

一、实训目标

（1）能正确地摆放传票算用品。

（2）能正确规范地整理传票。

（3）能准确快速地找页。

（4）能准确、连贯、快速翻页。

（5）能准确数页、记页。

（6）能熟练使用各种财经算具准确快速地进行传票算。

二、实训所需用品

电子计算器（或电子计算机小键盘或算盘或传票翻打机）、传票、传票算题单、传票算试题答题纸、黑色字迹财会专用笔、红色字迹财会专用笔。

三、实训所需相关理论知识

1. 传票算的基本概念

传票算也称为传票翻打，是指在经济核算过程中，对各种单据、发票或凭证进行汇总计算的一种方法，一般采用加减运算。它是加减运算在实际工作中的具体应用，可以为会计核算、财会分析、统计报表提供及时、准确、可靠的基础数据，是财经工作者必备的一项基本功，并被列入全国会计技能比赛的正式项目。

传票按是否装订，可分为订本式传票(见图3-2-1)和活页式传票(见图3-2-2)两种。

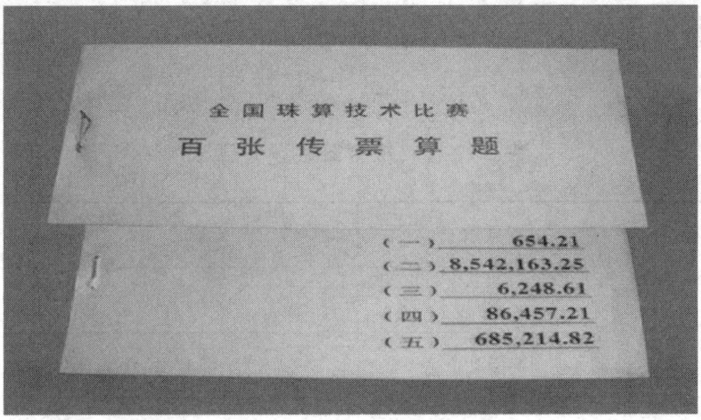

图3-2-1 订本式传票

图3-2-2 活页式传票

在日常练习中，传票本是练习传票算的依据。订本式传票本，一般每本为100页。每页的右上角印有阿拉伯数字表示页码，每页传票上印有一组或多组数字，每组数字由五行数字构成，每行数字前自上而下依次印有(一)至(五)的行次标志，“(一)”表示第一行，“(二)”表示第二行，以下同理。传票本的数字位数有所不同，目前的九位数传票本，每行最高位数有9位数字，最低位数有4位数字。

2. 传票算的运算要求

根据传票算的运算特点，计算时除使用算盘、计算器、计算机外，另需要一张传票算试题答题纸。传票算每20页为一题。例如，“题序一”即为第一题，“起止页数31~50”就是要求从第31页起，运算到第50页截止；“行次(一)”表示把31~50页每页的第一行数字累加起来，然后将结果填写在“答案”合计栏中，传票算试题答题纸的格式如表3-2-1所示。

表3-2-1　传票算试题答题纸

题序	起止页数	行次	答案
一	31~50	(一)	
二	14~33	(二)	
三	28~47	(三)	
四	68~87	(四)	
五	42~61	(五)	
六	63~82	(一)	
七	38~57	(二)	
八	70~89	(三)	
九	44~63	(四)	
十	67~86	(五)	

3. 传票算的基本要求

(1) 传票算前的准备工作。

① 用品摆放。

以算盘作为计算工具时，传票本可摆放在算盘的左下方，具体位置以看数和计数方便为宜；传票算题单放在算盘的右下方；算盘放在中间，具体位置以拨珠方便为宜。为了节约答案书写时间，提高运算速度，在进行计算时应握笔拨珠。

以计算器作为计算工具时，传票本可放在左边，答题纸放在中间，传票本应压住答题纸，以不影响看题单和书写答案方便为宜；计算器放在右边或右上方，应以输入方便为宜。为了节约答案书写时间，提高运算速度，在进行计算时应握笔运算。

采用计算机小键盘作为计算工具时，传票本和答题纸的摆放位置与以计算器作为计算工具时的摆放位置基本相同。

② 查页。

为了保证计算准确，提高运算速度，加快翻打的连续动作，在进行传票运算之前，先要认真检查传票本是否有漏页、缺页、破页、重页、空白、错写或数字不清晰等现象。

（2）传票算的基本要领。

左手翻传票与右手拨珠或按键盘按键计算合起来就是翻打传票。翻打传票时要求左右手协调配合，各个环节要衔接紧凑，从而提高计算速度。各个具体环节的动作要领如下：

① 整理传票。

在进行传票算运算前，首先是整理传票，即将传票捻成扇形，使每张传票均匀、自然地松动，不会出现粘在一起的情况。其方法是：两手大拇指放在封面上，其他四个手指在下，左手捏住传票本的左上角，右手捏住传票本的右下角，以左手为轴，右手轻轻向里转动(弯)，将传票捻成扇面形状。扇形的大小要以上页的右下方稍突出下面一页为最佳，不宜过大或过小。整个捻传票的过程可概括为：弯—还原—弯—还原，如此反复则可将传票捻成扇形。捻好后用夹子将传票左上角夹住，再用一个较小的夹子夹住传票本右下角底页(最后一页)，这样把运算的页码突出来方便运算时翻页，也可以使接近100页的页码容易找到。具体操作步骤为：

墩齐：双手拿起传票侧立在桌面上，将传票墩齐，如图3-2-3所示。

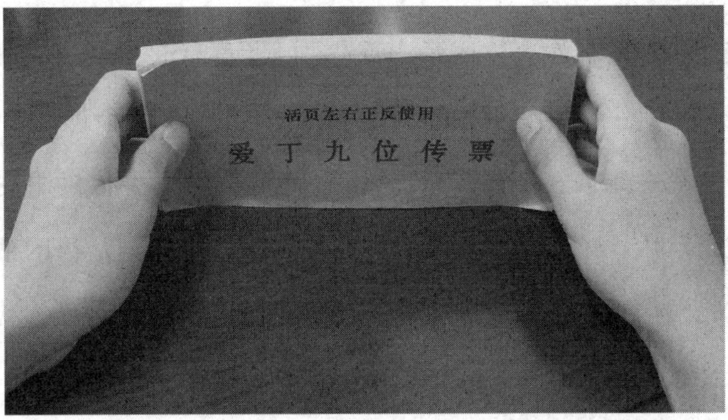

图3-2-3 墩齐

开扇：如图 3-2-4 所示。

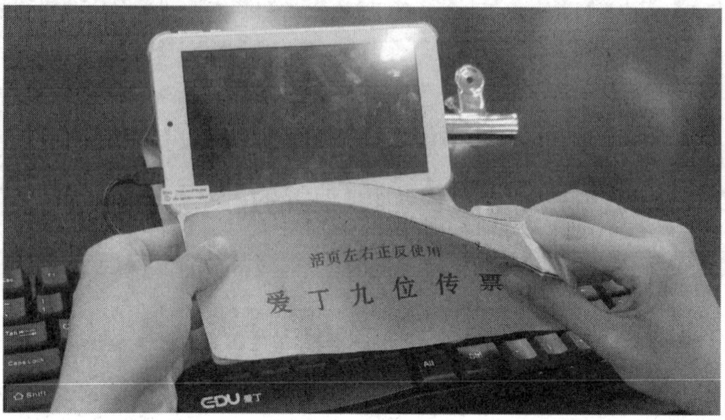

图 3-2-4　开扇

夹子夹住：如图 3-2-5 所示。

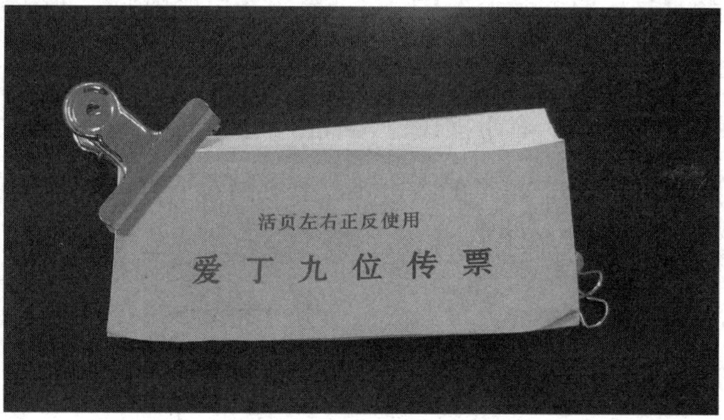

图 3-2-5　夹子夹住

② 找页。

传票算不是按照传票的自然页数运算，而是每一题都有起止页数，每计算完一题都需要找页。因此，找页也是一个计算的重要环节。找页时，要求翻动传票两三次就能找到。为节省时间，当计算完一题，右手在抄写答数的同时，左手就要借助眼睛的余光迅速进行下一题起始页的找页。由于一边集中注意力抄写答数，一边找页是很困难的，但起码要做到快速确定下一题是顺向找页还是逆向找页，左手要做出顺翻或逆翻的动作。找页动作的快慢，直接影响打传票的速度。

经过一段时间的反复练习之后，要做到凭手感一次能准确摸翻 10 页、20 页、30 页、40 页……90 页。在上述找页的基础上，再熟练找传票题的起始页。练习时，可以任意念一个页码，凭手感翻到其整数页，然后根据整数页再调整页数找到其起始页。如念 62 页，凭手感找到 60 页的厚度，再向前加翻 2 页，迅速用左手向前(或后)稍调整一下页码，就可很快地找到 62 页。一般应做到翻三次传票就能找到所要找的页码，如果根据手感一次就能找到每一题传票的起始页则效果最佳。

③ 翻页。

翻页的方法有一翻一页、一翻二页、一翻多页等方法，本书着重介绍一翻一页的方法。

采用一翻一页的方法时，传票算翻页是靠左手完成的，首先用左手的小拇指、无名指、中指弯曲按在传票本的封面或起始页的中部或中部稍左，然后用左手大拇指突出部位在传票的下刃边翻起传票，当大拇指翻起每一页传票后，食指很快放进刚翻起的一页传票下面，将这页传票卡住。左手翻页和右手拨珠或录入计算要同时进行，每翻动一页，均迅速将数拨入或输入计算工具，票页不宜掀得过高，角度越小越好，以能看清金额数字为宜。

翻页时应做到先翻一步，即右手还没打完当页传票数字，左手就应翻到下一页。同时，为便于翻页可使用一个海绵盒放在算具的左上角，作为润指用，还可在左手大拇指戴一胶套。整个翻页的过程可概括为：翻—夹—翻—夹。具体操作步骤为：

按：左手小拇指、无名指、中指按住传票。如图 3-2-6 所示。

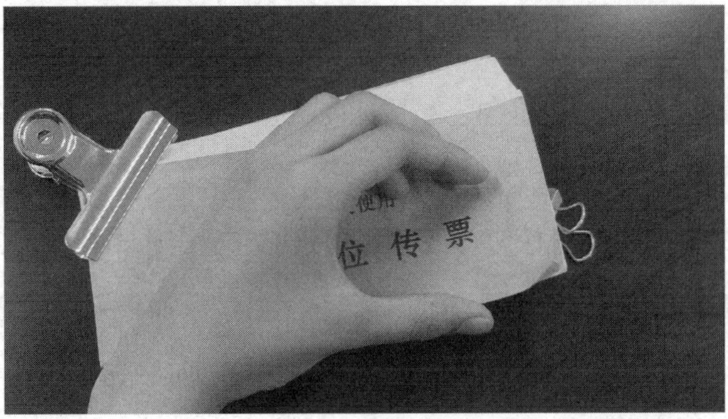

图 3-2-6 翻页步骤——按

翻：如图 3-2-7 所示。

夹：如图 3-2-8 所示。

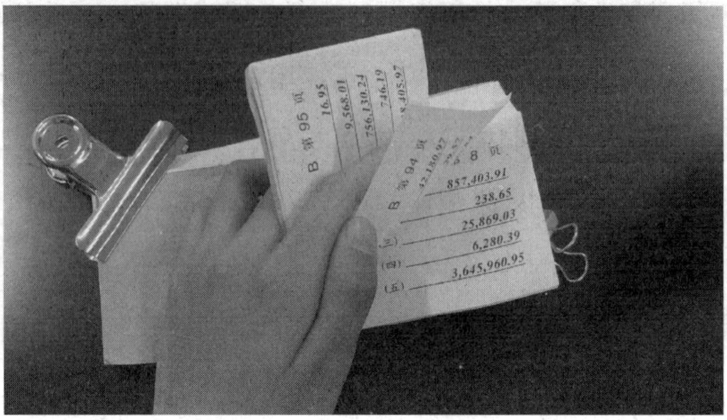

图 3-2-7　翻页步骤——翻

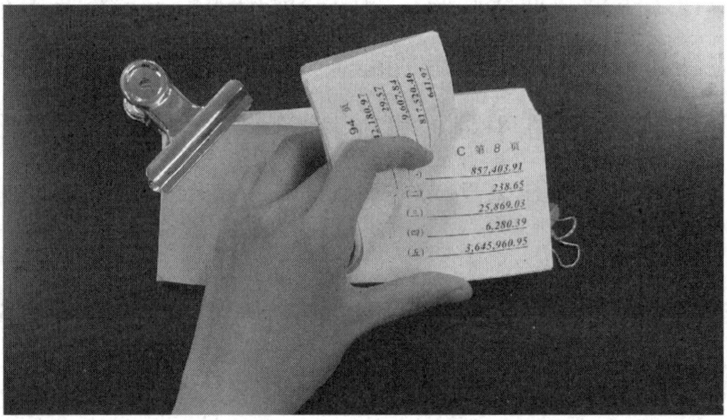

图 3-2-8　翻页步骤——夹

④ 记页。

为了避免打过页或打错页，应采取记页(数页)的方法。

记页，就是在运算中记住终止页，当估计快要运算完毕时，用眼睛余光扫视传票的页码，以防过页。

数页就是边运算边默念已打过的页数，一般情况下是在计算时打一页记一页，默记到20页，再核对该题的起止页码，如正确无误，写上答案。如果采用的是一目两行的打法则每题只数10次，方法是：打前两页时默记1，打次两页时默记2……默念到10时，核对该题的起止页数，如无误，立即书写答案。

记页在边翻页边运算中较难掌握，所以平时要加强训练。在训练过程中，运算的数据不要默念，只要凭数字的字形反应直接指挥手指拨入或输入，心里只需默记页数，如此反复练习，就会习惯记页了。

在练习传票算时，往往会出现打打停停，翻页、看数同时进行，这是传票算基本功没过关的具体表现。若按上述练功要领坚持不懈、勤学多练，就能把每个动作互相配合好，使之协调一致，传票算的水平自然就会提高。

4. 传票算的基本计算方法

进行传票算时，首先将捻成扇面的传票翻到要计算的起始页，然后左手一边翻页，右手一边拨珠或按键盘录入，直到计算完毕。由于在计算过程中翻页和计算的具体操作上的不同，形成了一翻一页、一翻二页、一翻多页的计算方法，本书着重介绍一翻一页的计算方法。

一翻一页的计算方法是一次翻起一页后，把需要计算的数字直接拨加或输入算盘或计算器(计算机)中，然后再掀起另一页，继续进行拨加或输入，直到一道题计算完为止。这种方法一般是从高位数字开始拨入或输入，要求大拇指翻传票要快，本页数字拨加或输入完毕后，要迅速用食指夹住，大拇指继续翻下页。这种方法是最基本的方法。

5. 提高传票算速度的方法

传票算运算要求眼、手、脑并用，协调性强，必须加强练习。为了提高传票算的运算速度，初学者可分步进行练习。

先练习计算第五行数字，因第五行数字在传票的最下方，便于看数、记数，不容易出错；待第五行数字的计算达到一定的熟练程度后，计算的行次再逐步上移。

6. 传票翻打机传票算实操步骤

本书以大连爱丁数码产品公司爱丁学生派 7418i 输入设备的使用为例。使用爱丁学生派 7418i 进行传票算，有两种方式可供选择：一是使用“基础宝典”中的“传票录入”功能模块，二是使用“基础宝典”中的“数字传票录入”功能模块。

(1) 使用“基础宝典”中的“传票录入”的功能模块进行传票算，其具体操作如下：

① 在学生派主界面点击“基础宝典”，选择“传票录入”，进入传票录入界面，如图 3-2-9所示。在“传票录入”界面右下角对“传票算”设置“传票选择”“每组题数”“跳转方式”。

② 选择“传票算”，进入传票算目录，界面如图 3-2-10 所示。

图 3-2-9　传票录入界面

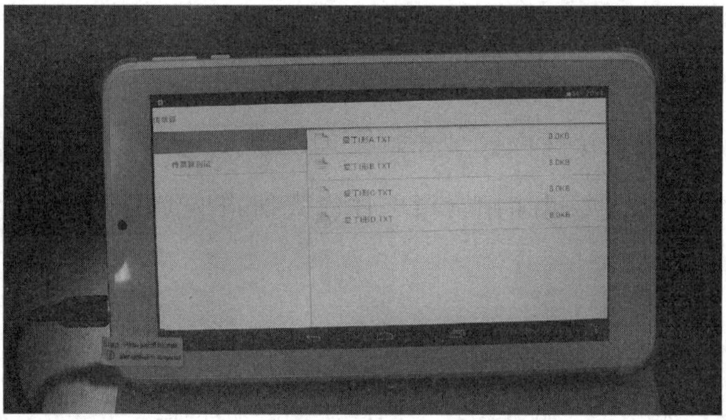

图 3-2-10　传票算目录界面

③ 选择“传票算练习”，设置相关指标：选择票面、测试时间，如图 3-2-11 所示。或者选择“传票算测试”，设置相关指标：选择票面、测试时间、起始页、行次，如图 3-2-12 所示。

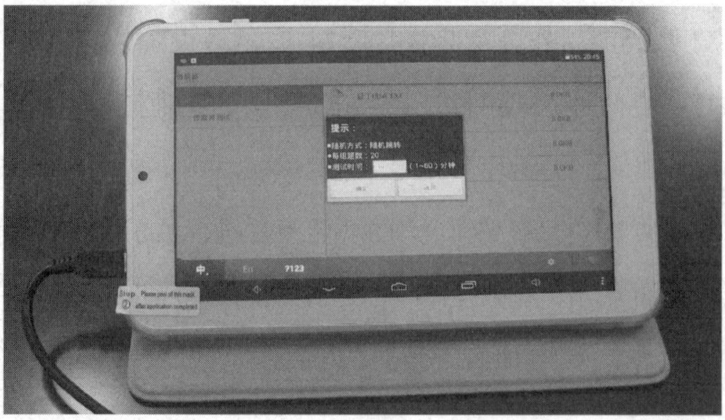

图 3-2-11　选择“传票算练习”界面

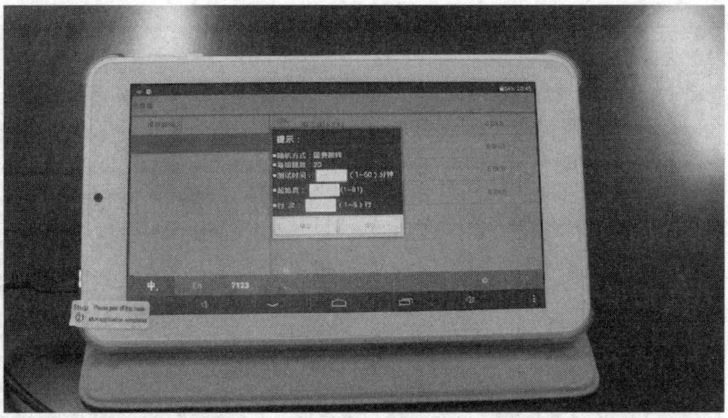

图 3-2-12 选择“传票算测试”界面

④ 设置完毕后，点击“确定”键即可开始传票算的练习或测试，录入界面如图 3-2-13 所示。

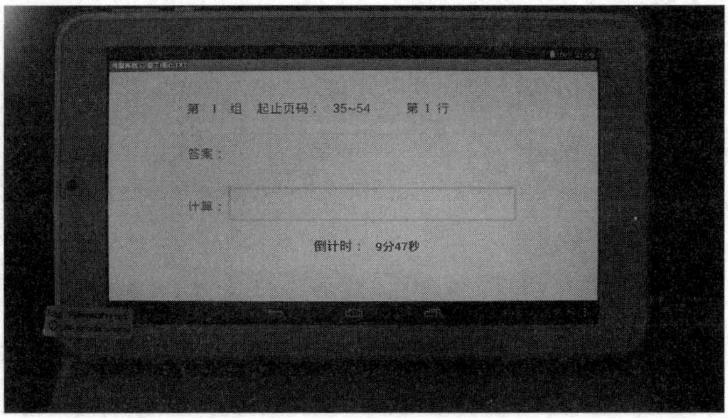

图 3-2-13 录入界面

录入界面共分成四行。第一行显示：当前输入的组别、当前组的起始页、输入的行序号。第二行显示：上一组输入数据的最终结果。第三行显示：当前组数据的计算区域，学生可以任意+/-计算。第四行显示：倒计时。用户退出或者倒计时结束时，系统会自动计算成绩，如图 3-2-14 所示，并显示在屏幕上。

在成绩界面，学生可以按“F1”发送成绩，此时本次成绩会自动通过无线网络发送到教师机上，并且可以通过计算机，将成绩文件转换成 Excel 文档进行编辑和修改。本步骤需要配合 WNAP320 AP 搭建无线网络收发成绩和 WEB 教师端共同使用。

（2）使用“基础宝典”中的“数字传票录入”功能模块进行传票算，其具体操作如下：

① 在学生派主界面点击“基础宝典”，选择“数字传票录入”，进入数字传票录入界面，如图 3-2-15 所示。

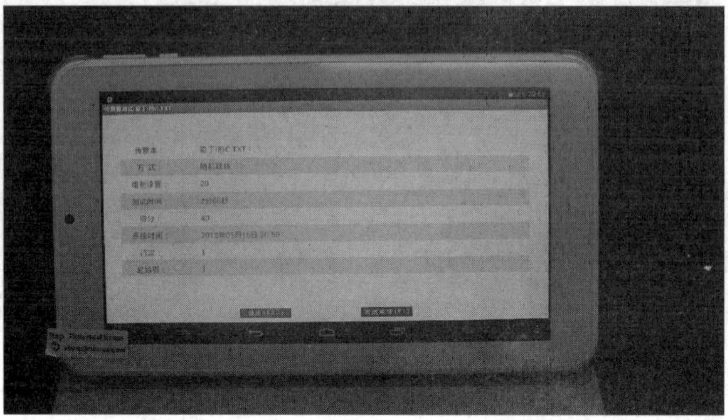

图 3-2-14　系统自动计算成绩

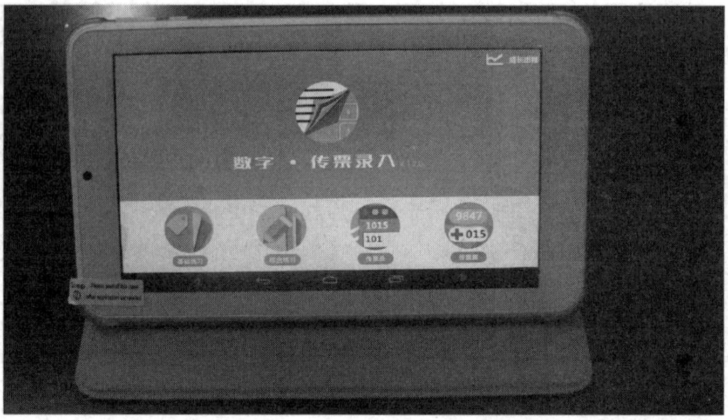

图 3-2-15　传票录入界面

② 选择“传票算”，进入传票算目录，界面如图 3-2-16 所示。

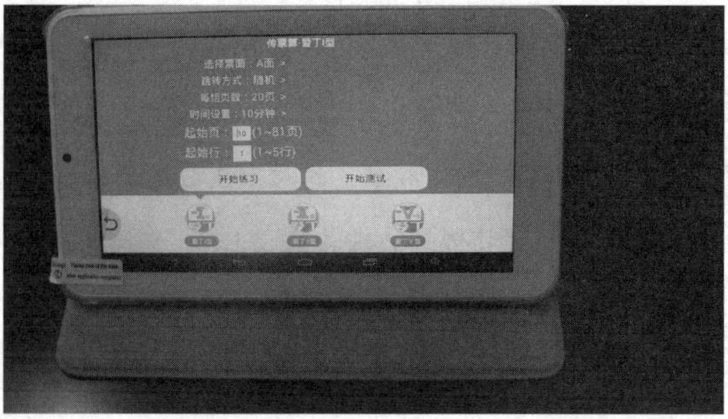

图 3-2-16　传票算目录界面

③ 设置相关指标：选择票面、每组页数、时间设置、起始页、起始行，如图 3-2-17 所示。

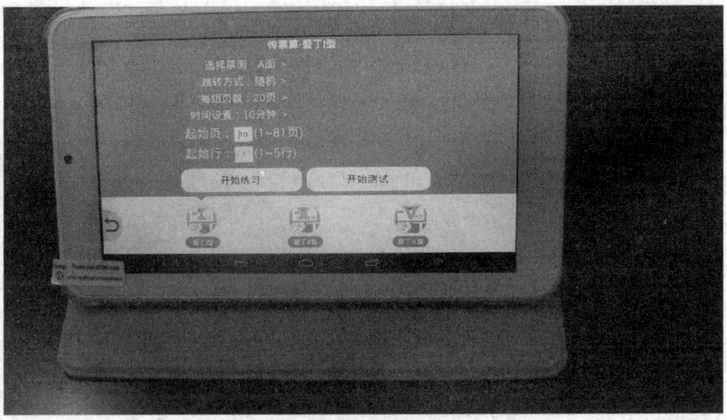

图 3-2-17　设置相关指标

④ 设置完毕后，点击“开始练习”或“开始测试”键即可开始传票录入的练习或测试，录入界面如图 3-2-18、图 3-2-19 所示。

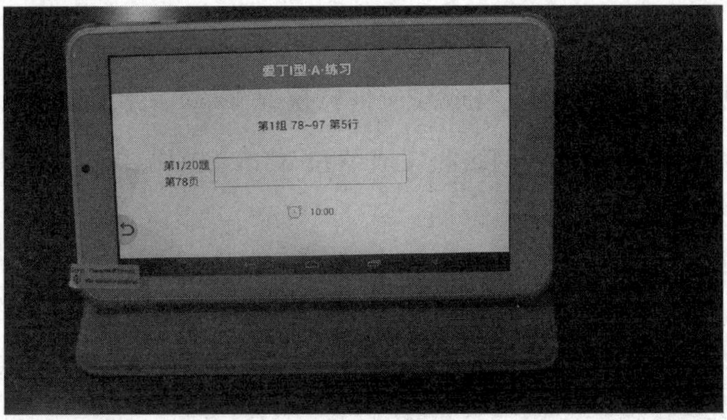

图 3-2-18　录入界面 1

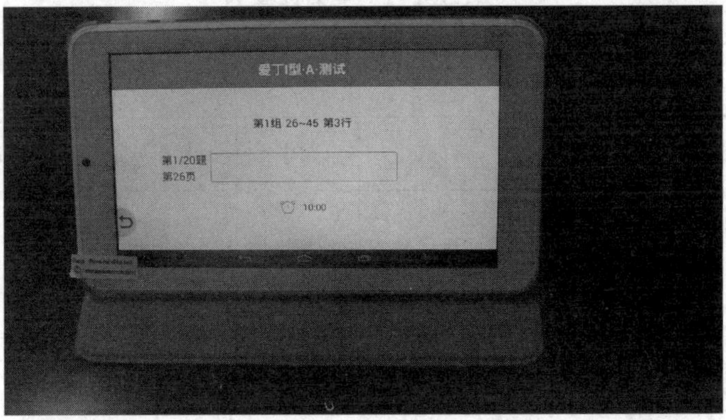

图 3-2-19　录入界面 2

录入界面共分成四行。第一行显示：当前输入的组别、当前组的起始页、输入的行序号。第二行显示：上一组输入数据的最终结果。第三行显示：当前组数据的计算区域，学生可以任意+/-计算。第四行显示：倒计时。用户退出或者倒计时结束时，系统会自动计算成绩如图 3-2-20 所示，并显示在屏幕上。

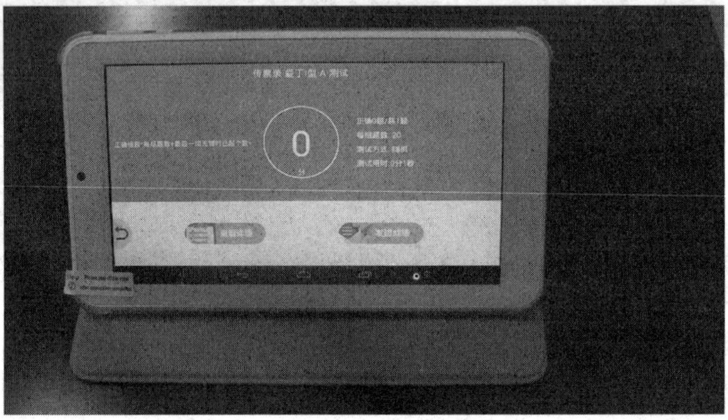

图 3-2-20　系统自动计算成绩

在成绩界面，学生可以按“F1”发送成绩，此时本次成绩会自动通过无线网络发送到教师机上，并且可以通过计算机，将成绩文件转换成 Excel 文档进行编辑和修改。本步骤需要配合 WNAP320 AP 搭建无线网络收发成绩和 WEB 教师端共同使用。

四、实训内容

（1）使用计算器或算盘或计算机采用一翻一页的计算方法计算表 3-2-2～表 3-2-5 中的各题。

表 3-2-2　实训计算 1

练习题(一)				练习题(二)			
题序	起止页数	行次	答题	题序	起止页数	行次	答题
一	26～45	(一)		一	58～77	(一)	
二	74～93	(二)		二	63～81	(二)	
三	80～99	(三)		三	9～28	(三)	

续表

练习题(一)				练习题(二)			
题序	起止页数	行次	答题	题序	起止页数	行次	答题
四	48~67	(四)		四	49~68	(四)	
五	75~94	(五)		五	63~82	(五)	
六	57~76	(一)		六	10~29	(一)	
七	49~68	(二)		七	64~83	(二)	
八	76~93	(三)		八	53~72	(三)	
九	38~57	(四)		九	11~30	(四)	
十	50~69	(五)		十	37~56	(五)	

表 3-2-3 实训计算 2

练习题(三)				练习题(四)			
题序	起止页数	行次	答题	题序	起止页数	行次	答题
一	24~43	(一)		一	10~29	(一)	
二	51~70	(二)		二	31~50	(二)	
三	28~47	(三)		三	14~33	(三)	
四	1~20	(四)		四	28~47	(四)	
五	25~44	(五)		五	16~35	(五)	
六	31~50	(一)		六	68~87	(一)	
七	36~55	(二)		七	52~71	(二)	
八	81~100	(三)		八	30~49	(三)	
九	17~36	(四)		九	27~46	(四)	
十	41~60	(五)		十	4~23	(五)	

表 3-2-4　实训计算 3

练习题(五)				练习题(六)			
题序	起止页数	行次	答题	题序	起止页数	行次	答题
一	35~54	(一)		一	10~29	(一)	
二	79~98	(二)		二	54~73	(二)	
三	6~25	(三)		三	19~38	(三)	
四	24~43	(四)		四	76~95	(四)	
五	14~33	(五)		五	46~65	(五)	
六	51~70	(一)		六	41~60	(一)	
七	26~45	(二)		七	39~58	(二)	
八	72~91	(三)		八	8~27	(三)	
九	18~37	(四)		九	45~64	(四)	
十	12~31	(五)		十	1~20	(五)	

表 3-2-5　实训计算 4

练习题(七)				练习题(八)			
题序	起止页数	行次	答题	题序	起止页数	行次	答题
一	33~52	(一)		一	68~87	(一)	
二	6~25	(二)		二	30~49	(二)	
三	65~84	(三)		三	20~39	(三)	
四	79~98	(四)		四	52~71	(四)	
五	43~62	(五)		五	19~38	(五)	
六	17~36	(一)		六	3~22	(一)	
七	74~93	(二)		七	36~55	(二)	
八	14~33	(三)		八	53~72	(三)	
九	28~48	(四)		九	10~29	(四)	
十	60~79	(五)		十	57~76	(五)	

（2）使用爱丁学生派 7418i 输入设备按表 3-2-6 要求设置练习指标，使用爱丁九位传票技能完成录入测试并发送成绩报告。

表 3-2-6　设置练习指标 1

选择票面	每组题数	时间设置	起始页	起始行
A	10	5	20	3

（3）使用爱丁学生派 7418i 输入设备按表 3-2-7 要求设置练习指标，使用爱丁九位传票技能完成录入测试并发送成绩报告。

表 3-2-7　设置练习指标 2

选择票面	每组题数	时间设置	起始页	起始行
B	10	5	46	4

（4）使用爱丁学生派 7418i 输入设备按表 3-2-8 要求设置练习指标，使用爱丁九位传票技能完成录入测试并发送成绩报告。

表 3-2-8　设置练习指标 3

选择票面	每组题数	时间设置	起始页	起始行
C	20	10	11	2

（5）使用爱丁学生派 7418i 输入设备按表 3-2-9 要求设置练习指标，使用爱丁九位传票技能完成录入测试并发送成绩报告。

表 3-2-9　设置练习指标 4

选择票面	每组题数	时间设置	起始页	起始行
D	20	10	9	1

五、实训心得

任务3　票币算技能实训

一、实训目标

（1）能准确、快速地进行1倍、2倍、5倍的乘法心算。

（2）能熟练使用各种财经算具准确、快速地进行票币算。

二、实训所需用品

电子计算器(或电子计算机小键盘或算盘或传票翻打机)、票币算题纸、黑色字迹财会专用笔、红色字迹财会专用笔。

三、实训所需相关理论知识

1. 票币算简介

票币计算就是将不同面值的人民币分别和张数(枚数)相乘并求出金额的过程。

2. 票币算的用品摆放

以算盘作为计算工具时，票币算题纸可摆放在算盘左方偏上的位置，也可放在算盘下面，具体位置以拨珠方便为宜。计算时，左手指数，并随着计算把计算资料向上推，使其计算的行数尽量与盘面的距离接近，以便看数、拨珠。为了节约答案书写时间，提高运算速度，在进行计算时应握笔拨珠。

在使用计算器、计算机小键盘作为票币算计算工具时，用品的摆放要求与使用计算器、计算机小键盘作为账表算计算工具时相同，这里不再赘述。

3. 票币算的计算方法

（1）人民币单把百张的计算。当人民币为单把百张(整把)的时候，其计算公式为：

$$100\times 面值=金额$$

其计算规律为：将面值扩大100倍。

【例 3-3-1】 面值 100 元的单把百张，金额为 10 000 元。

【例 3-3-2】 面值 50 元的单把百张，金额为 5 000 元。

【例 3-3-3】 面值 20 元的单把百张，金额为 2 000 元。

【例 3-3-4】 面值 10 元的单把百张，金额为 1 000 元。

【例 3-3-5】 面值 5 角的单把百张，金额为 50 元。

【例 3-3-6】 面值 1 角的单把百张，金额为 10 元。

(2) 人民币非整把的计算。

① 当张数(枚数)成一位数时，计算比较简单，其计算公式为：

张数×面值=金额

【例 3-3-7】 面值 20 元的 6 张，金额为 120 元。

【例 3-3-8】 面值 1 元的 4 张，金额为 4 元。

【例 3-3-9】 面值 5 角的 4 张，金额为 2 元。

【例 3-3-10】 快速求出表 3-3-1 中所列的人民币票币金额。

表 3-3-1　人民币票币计算表

面值	100 元	50 元	20 元	10 元	5 元	2 元	1 元	5 角	2 角	1 角	5 分	2 分	1 分
张数	6	8	2	4	8	7	6	4	5	2	6	5	4
金额													

答案(元)：600，400，40，40，40，14，6，2，1，0.20，0.30，0.10，0.04。

② 当张数(枚数)为两位数时的计算方法。

a. 面值为 1 的倍数(100 元、10 元、1 元、1 角和 1 分)时的计算方法。

当面值为 1 的倍数时，计算公式为：

张数×面值=金额

由于面值是 1 的倍数，所以计算时只是在实际张数的基础上扩大或缩小倍数而已。

【例 3-3-11】 面值 100 元的 32 张，金额为 3 200 元。

【例 3-3-12】 面值 10 元的 32 张，金额为 320 元。

【例 3-3-13】 面值 1 元的 32 张，金额为 32 元。

【例 3-3-14】 面值 1 角的 32 张，金额为 3.2 元。

【例 3-3-15】 面值 1 分的 32 张，金额为 0. 32 元。

【例 3-3-16】 快速求出表 3-3-2 中所列的人民币票币金额。

表 3-3-2 人民币票币计算表

面值	100 元	10 元	1 元	1 角	1 分
张数	12	25	30	95	46
金额					

答案(元)：1 200，250，30，9. 5，0. 46。

b. 面值为 5 的倍数时(50 元、5 元、5 角、5 分)的计算方法。

要心算出一个数的 5 倍，直接计算不太容易，如果变换形式找到规律后，计算就会变得简单得多。一个数乘以 5，实际上就等于乘以 10 再除以 2。发现了这个规律，计算时可以根据被乘数的奇偶性分别采用折半的方法进行。

第一步：分清奇偶。

第二步：乘积的个位规律——“奇 5 偶 0”。当被乘数的个位是 1、3、5、7、9 时，和 5 相乘后，其乘积的末位数字一定是 5；当被乘数的个位是 2、4、6、8 时，和 5 相乘后，乘积的末尾数字一定是 0。

第三步：被乘数全部是偶数时——“逐位折半、末尾补 0”。

【例 3-3-17】 $24\times5=120$

计算思路及过程：从高位开始逐位折半(取一半)后，最后补 0。24 折半为 12，最后补零，结果为 120。

第四步：被乘数全部是奇数时——“前位先减 1 后再折半、后位先加 10 后折半，末尾补 5”。

【例 3-3-18】 $59\times5=295$

计算思路及过程：前位 5 减 1 等于 4，将 4 折半为 2；后位 9 加 10 等于 19，将 19 折半为 9。由于被乘数只有两位数，所以两次折半完毕，最后补 5。结果为 295。

第五步：被乘数为前奇数后偶数时——“奇数按奇数折半，偶数按偶数折半，末尾补 0”。

【例 3-3-19】 $54\times5=270$

计算思路及过程：前位 5 减 1 等于 4，将 4 折半为 2；后位 4 加 10 等于 14，将 14 折半为 7。由于被乘数只有两位数，所以两次折半完毕，最后补 0。结果为 270。

第六步：被乘数为前偶数后奇数时——“偶数按偶数折半，奇数按奇数折半，末尾补 5”。

【例 3-3-20】　43×5＝215

计算思路及过程：前位 4 折半为 2；后位 3 折半为 1。由于被乘数只有两位数，所以两次折半完毕，末尾补 5。结果为 215。

第七步：当被乘数首位是 1 时，用直观法可以迅速折半。

在进行人民币票币计算时，要看清张数是单数(奇数)还是双数(偶数)，再用规律进行计算。

【例 3-3-21】　根据 5 倍规律快速求出表 3-3-3 中所列的人民币票币金额。

表 3-3-3　人民币票币计算表

面值	50 元	5 元	5 角	5 分
张数	24	35	38	67
金额				

答案(元)：1 200，175，19，3.35。

c. 面值为 2 的倍数(20 元、2 元、2 角、2 分)时的计算方法。一个数乘以 2 实际上是这个数自身翻倍。

乘积的进位规律：“后位满 5 进 1”。

心算规则：“算前位、看后位、提前进位”。

【例 3-3-22】　36×2＝72

计算思路及过程：算前位，3 自身翻倍得 06(由于不进位，十位的 0 不用写出来)，写个位的 6 之前先看后位上的数，后位上的数是 6，已经满 5 就要进 1，需要在 6 上加 1，直接写 7，同时后位 6 自身翻倍后个位是 2，结果为 72。

【例 3-3-23】　51×2＝102

计算思路及过程：算前位，5 自身翻倍得 10，十位进位先写 1，在写个位的 0 之前先看后位上的数，后位上的数是 2，不满 5 不用进 1，直接写 0，后位的 1 翻倍得 2，结果为102。

【例3-3-24】 根据2倍规律快速求出表3-3-4中所列的人民币票币金额。

表3-3-4 人民币票币计算表

面值	20元	2元	2角	2分
张数	63	37	78	12
金额				

答案(元)：1 260，74，15.6，0.24。

③ 综合计算。实践中票币计算需要具备的是综合计算能力。由于计算时面对的是各种面值的人民币，其清点出的张数除每百张扎成整把之外，余下的不够扎成整把的，其张数为1~99。因此，计算中要具备快速准确地计算各种面值、各种张数情况下的金额，同时要使用计算工具进行累加。也就是说，先根据已经掌握的规律进行口算，计算出每种面值对应张数的金额来，再将口算出的金额逐项拨入或输入计算工具，最后计算出总金额。

【例3-3-25】 快速求出表3-3-5中所列的人民币票币金额。

表3-3-5 人民币票币计算表

面值	100元	50元	20元	10元	5元	2元	1元	5角	2角	1角	5分	2分	1分
张数	56	27	18	37	84	71	32	34	64	36	65	43	51
金额													
总金额													

答案（元)：5 600，1 350，360，370，420，142，32，17，12.8，3.6，3.25，0.86，0.51。

总金额(元)：8 312.02。

6. 传票翻打机票币算实操步骤

本书以大连爱丁数码产品公司爱丁学生派7418i输入设备的使用为例。使用爱丁学生派7418i进行票币算，具体操作如下：

(1) 在学生派主界面点击“基础宝典”，选择“计算应用”，进入计算应用界面，如图3-3-1所示。

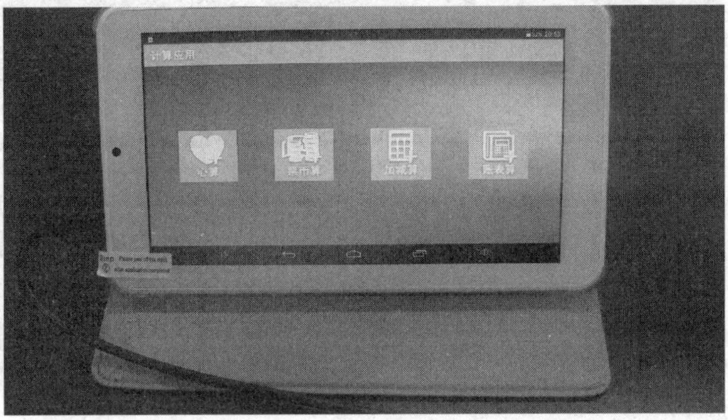

图 3-3-1 计算应用界面

（2）选择“票币算”，进入票币算目录，界面如图 3-3-2 所示。

图 3-3-2 票币算目录界面

（3）选择“练习”或选择“测试”，进入图 3-3-3、图 3-3-4 所示界面。

图 3-3-3 “练习”界面

图 3-3-4 “测试”界面

（4）设置“时间、随机系数”即可开始票币算的练习或测试，录入界面如图 3-3-5、图 3-3-6 所示。

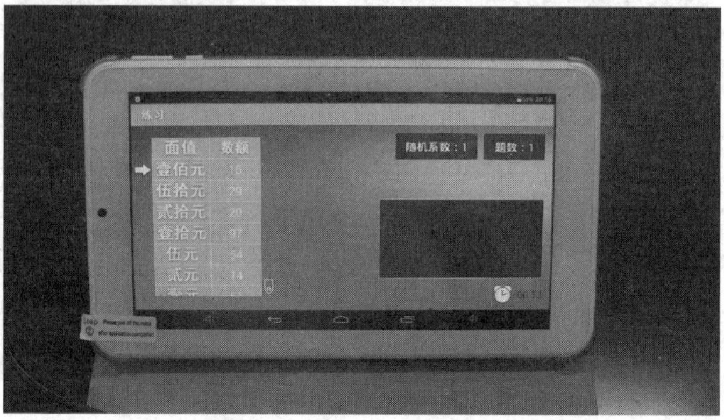

图 3-3-5 “练习”界面的“时间、随机系数”设置

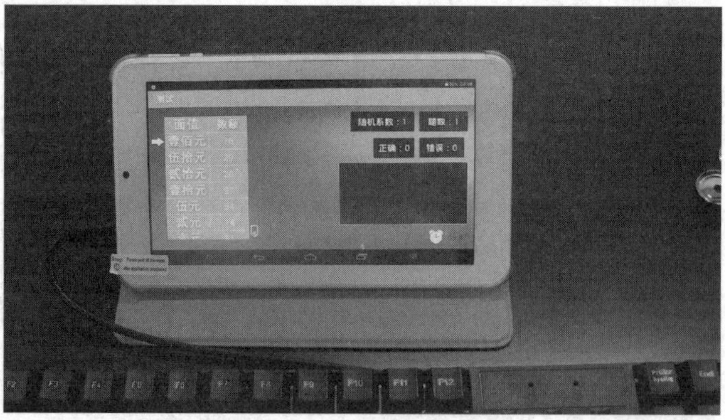

图 3-3-6 “测试”界面的“时间、随机系数”设置

测试结束后，学生可以按“F1”发送成绩，如图 3-3-7 所示。此时本次成绩会自动通过无线网络发送到教师机上，并且可以通过计算机，将成绩文件转换成 Excel 文档进行编辑和修改。本步骤需要配合 WNAP320 AP 搭建无线网络收发成绩和 WEB 教师端共同使用。练习则不能发送成绩。

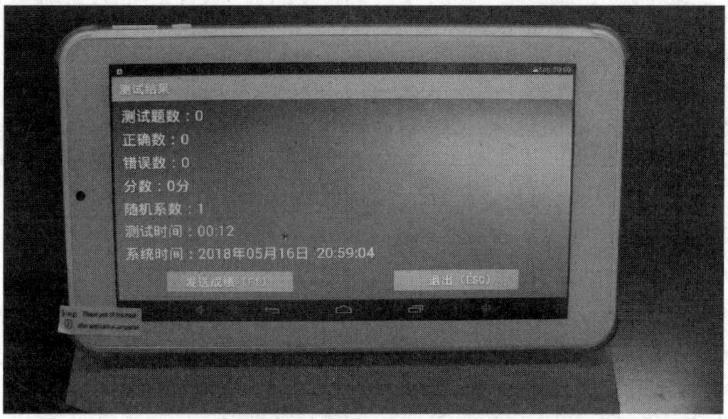

图 3-3-7　发送成绩界面

四、实训内容

（1）完成表 3-3-6 的计算，进行 5 的心算实训。

表 3-3-6　5 的心算实训

券别	张数	金额	券别	张数	金额	券别	张数	金额	券别	张数	金额	券别	张数	金额	券别	张数	金额
伍拾元	14		伍元	16		伍拾元	29		伍元	56		伍拾元	64		伍元	56	
伍拾元	29		伍元	43		伍拾元	26		伍元	48		伍拾元	37		伍元	85	
伍拾元	52		伍元	46		伍拾元	52		伍元	54		伍拾元	52		伍元	26	
伍拾元	67		伍元	77		伍拾元	37		伍元	76		伍拾元	37		伍元	65	
伍角	47		伍分	68		伍角	28		伍分	62		伍角	58		伍分	60	
伍角	63		伍分	84		伍角	79		伍分	43		伍角	67		伍分	43	
伍角	24		伍分	96		伍角	72		伍分	88		伍角	84		伍分	58	
伍角	51		伍分	38		伍角	33		伍分	21		伍角	50		伍分	21	

（2）完成表 3-3-7 的计算，进行 2 的心算实训。

表 3-3-7　2 的心算实训

券别	张数	金额	券别	张数	金额	券别	张数	金额	券别	张数	金额	券别	张数	金额	券别	张数	金额
贰拾元	14		贰元	16		贰拾元	29		贰元	56		贰拾元	64		贰元	56	
贰拾元	29		贰元	43		贰拾元	26		贰元	48		贰拾元	37		贰元	85	
贰拾元	52		贰元	46		贰拾元	52		贰元	54		贰拾元	52		贰元	26	
贰拾元	67		贰元	77		贰拾元	37		贰元	76		贰拾元	37		贰元	65	
贰角	47		贰分	68		贰角	28		贰分	62		贰角	58		贰分	60	
贰角	63		贰分	84		贰角	79		贰分	43		贰角	67		贰分	43	
贰角	24		贰分	96		贰角	72		贰分	88		贰角	84		贰分	58	
贰角	51		贰分	38		贰角	33		贰分	21		贰角	50		贰分	21	

（3）完成表 3-3-8 的计算，进行 1 的心算实训。

表 3-3-8　1 的心算实训

券别	张数	金额	券别	张数	金额	券别	张数	金额	券别	张数	金额	券别	张数	金额	券别	张数	金额
壹拾元	14		壹元	16		壹拾元	29		壹元	56		壹拾元	64		壹元	56	
壹拾元	29		壹元	43		壹拾元	26		壹元	48		壹拾元	37		壹元	85	
壹拾元	52		壹元	46		壹拾元	52		壹元	54		壹拾元	52		壹元	26	
壹拾元	67		壹元	77		壹拾元	37		壹元	76		壹拾元	37		壹元	65	
壹角	47		壹分	68		壹角	28		壹分	62		壹角	58		壹元	60	
壹角	63		壹分	84		壹角	79		壹分	43		壹角	67		壹元	43	
壹角	24		壹元	96		壹角	72		壹分	88		壹角	84		壹元	58	
壹角	51		壹分	38		壹角	33		壹分	21		壹角	50		壹元	21	

（4）完成表 3-3-9 的计算，进行票币算的分组练习。

表 3-3-9 票币算分组练习

第 1 题

券别	张数
壹佰元	52
伍拾元	85
贰拾元	95
拾元	45
伍元	21
贰元	16
壹元	32
伍角	21
贰角	45
壹角	75
五分	9
二分	11
一分	10
合计	

第 2 题

券别	张数
壹佰元	59
伍拾元	85
贰拾元	76
拾元	43
伍元	10
贰元	13
壹元	24
伍角	35
贰角	68
壹角	77
五分	46
二分	30
一分	26
合计	

第 3 题

券别	张数
壹佰元	88
伍拾元	54
贰拾元	62
拾元	32
伍元	13
贰元	54
壹元	54
伍角	85
贰角	65
壹角	32
五分	14
二分	99
一分	90
合计	

第 4 题

券别	张数
壹佰元	52
伍拾元	65
贰拾元	34
拾元	94
伍元	85
贰元	74
壹元	31
伍角	20
贰角	12
壹角	30
五分	51
二分	53
一分	44
合计	

第 5 题

券别	张数
壹佰元	89
伍拾元	56
贰拾元	23
拾元	14
伍元	45
贰元	46
壹元	17
伍角	18
贰角	95
壹角	85
五分	86
二分	5
一分	19
合计	

第 6 题

券别	张数
壹佰元	14
伍拾元	15
贰拾元	19
拾元	84
伍元	86
贰元	57
壹元	29
伍角	38
贰角	58
壹角	68
五分	77
二分	49
一分	52
合计	

第 7 题

券别	张数
壹佰元	49
伍拾元	58
贰拾元	75
拾元	86
伍元	81
贰元	46
壹元	43
伍角	29
贰角	24
壹角	21
五分	36
二分	41
一分	53
合计	

第 8 题

券别	张数
壹佰元	35
伍拾元	46
贰拾元	79
拾元	39
伍元	80
贰元	37
壹元	64
伍角	37
贰角	49
壹角	75
五分	100
二分	84
一分	24
合计	

第 9 题

券别	张数
壹佰元	69
伍拾元	30
贰拾元	63
拾元	23
伍元	64
贰元	41
壹元	48
伍角	18
贰角	32
壹角	33
五分	99
二分	84
一分	68
合计	

第 10 题

券别	张数
壹佰元	63
伍拾元	54
贰拾元	24
拾元	85
伍元	95
贰元	7
壹元	46
伍角	88
贰角	49
壹角	28
五分	46
二分	57
一分	53
合计	

第 11 题

券别	张数
壹佰元	66
伍拾元	27
贰拾元	60
拾元	50
伍元	20
贰元	61
壹元	38
伍角	29
贰角	30
壹角	96
五分	81
二分	85
一分	31
合计	

第 12 题

券别	张数
壹佰元	73
伍拾元	66
贰拾元	48
拾元	52
伍元	54
贰元	57
壹元	68
伍角	95
贰角	93
壹角	80
五分	71
二分	73
一分	99
合计	

（5）完成表 3–3–10 的计算，进行票币算的综合练习。

表 3–3–10　票币算综合练习

序号	各种面额钞券张(枚)数量													金额(元)
	100 元	50 元	20 元	10 元	5 元	2 元	1 元	5 角	2 角	1 角	5 分	2 分	1 分	
1	66	59	62	51	25	47	96	21	63	31	57	15	87	
2	28	86	62	75	19	36	42	37	21	85	34	46	28	
3	22	64	72	92	46	24	58	35	63	14	86	62	73	
4	54	34	72	33	21	63	85	45	39	71	21	52	12	
5	82	23	19	46	73	25	54	37	18	64	29	47	56	
6	97	13	78	48	37	45	73	41	65	32	63	47	29	
7	78	37	61	87	54	92	38	37	23	75	17	25	46	
8	25	54	13	36	36	78	96	74	89	52	85	57	65	
9	23	46	32	42	31	25	71	56	81	52	75	19	91	
10	39	65	32	29	18	93	53	76	37	23	41	58	26	
11	51	28	86	62	75	19	65	36	42	37	21	85	34	
12	87	69	25	64	19	43	28	59	92	53	64	23	75	
13	33	45	56	45	21	78	65	72	63	25	78	77	23	
14	95	12	85	32	64	72	45	36	51	32	24	65	43	
15	53	92	85	24	46	68	27	42	18	27	14	86	74	
16	45	56	74	52	65	41	55	21	13	22	65	31	62	
17	18	74	62	25	35	47	82	25	83	13	97	63	27	
18	55	87	45	14	65	15	56	37	85	71	54	26	78	
19	24	36	85	47	32	29	14	25	37	63	56	72	64	
20	65	48	56	38	53	37	31	28	55	18	94	81	78	

（6）使用爱丁学生派 7418i 进行票币算的练习和测试。

五、实训心得

模块四

验钞与点钞技能实训

任务1 验钞技能实训

一、实训目标

(1) 能识别真假人民币。

(2) 能正确进行残损人民币的兑换。

二、实训所需用品

目前流通的不同面值人民币(纸币)、验钞机。

三、实训所需相关理论知识

1. 人民币基本常识

人民币是指中国人民银行依法发行的货币，包括纸币和硬币，无论纸币、硬币均等价流通。《中国人民银行法》第三章第十六条规定：“中华人民共和国的法定货币是人民币。”人民币票面基本构图，除了主景、图饰、面值外，还有盲文点、行长图章、少数民族文字、汉语拼音、国徽、图案、冠字号码等。

人民币简写为“RMB”，以“￥”为代号；人民币的单位为元，辅币单位为角、分。按照法律规定，人民币中元币以上为主币，其余角币、分币为辅币。

2. 新中国成立后我国发行的五套人民币

五套人民币相关资料如表 4-1-1 所示。

表 4-1-1 五套人民币相关资料

套别	发行时间	停用时间	面额种类	其他相关说明
第一套	1948 年 12 月 1 日	1955 年 5 月 10 日	12 种	62 种版别，是人民币历史上版别最多的一套
第二套	1955 年 3 月 1 日	1964 年 5 月 15 日	11 种	16 种版别
第三套	1962 年 4 月 20 日	2000 年 7 月 1 日	7 种	27 种版别，是目前我国发行、流通时间最长的一套人民币
第四套	1987 年 4 月 27 日	2018 年 5 月 1 日	9 种	14 种版别
第五套	1999 年 10 月 1 日	现行流通货币	8 种	23 种版别
备注	人民币版别是指同一面额的人民币在印制年份、版面上的区别。包括图案、颜色的不同			

3. 人民币防伪特征

了解人民币防伪特征是识别人民币真假的首要问题。

(1) 2005 年版第五套人民币防伪特征。

① 100 元、50 元券。

a. 固定人像水印(毛泽东头像)。

b. 手工雕刻头像。

c. 隐形面额数字。

d. 胶印缩微文字。

e. 雕刻凹版印刷。

f. 双色异形横号码。正面左下角印有双色异形横号码，左侧部分为暗红色，右侧部分为黑色。字符由中间向左右两边逐渐变小。

g. 全息磁性开窗安全线。背面中间偏右，有一条开窗安全线，开窗部分可以看到由缩微字符“￥100”(50 元为“￥50”)组成的全息图案，仪器检测有磁性。

h. 光变油墨面额数字。从垂直到倾斜一定角度观察，100 元由绿色变成蓝色，50 元由金色变为绿色。

i. 阴阳互补对印图案。正面位于正面主景图案左侧中间处，背面位于主景图案右侧中间处。迎光透视，可以看到正、背图案合并组成一个外圆内方的古钱图案。

j. 白水印。位于正面双色横号码下方，迎光透视，可以看到透光性很强的水印“100”（50 元为“50”）字样。

k. 凹印手感线。正面主景图案右侧，有一组自上而下规则排列的线纹，采用雕刻凹版印刷工艺印制，用手触摸，有极强的凹凸感。

如图 4-1-1、图 4-1-2、图 4-1-3、图 4-1-4 所示。

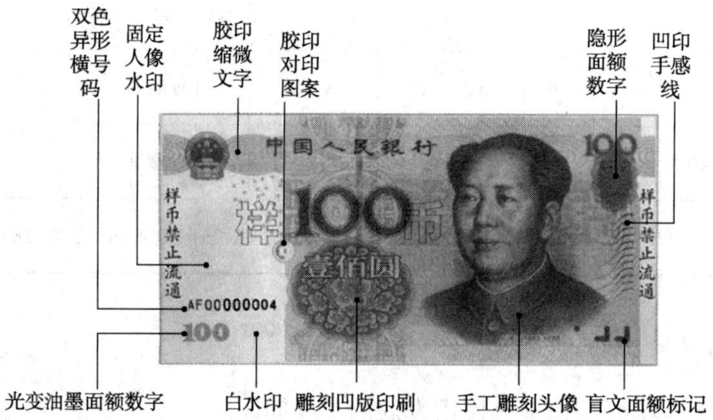

图 4-1-1　2005 年版第五套人民币防伪特征（100 元正面）

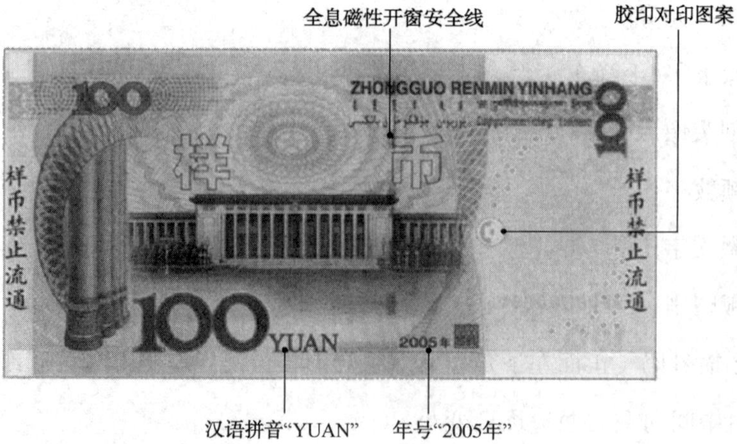

图 4-1-2　2005 年版第五套人民币防伪特征（100 元背面）

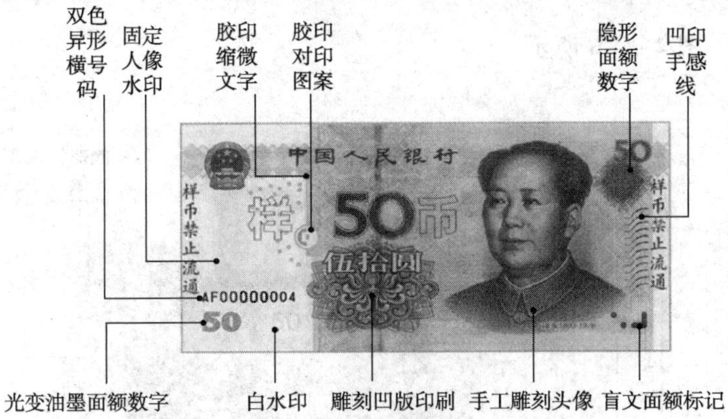

图 4-1-3 2005 年版第五套人民币防伪特征(50 元正面)

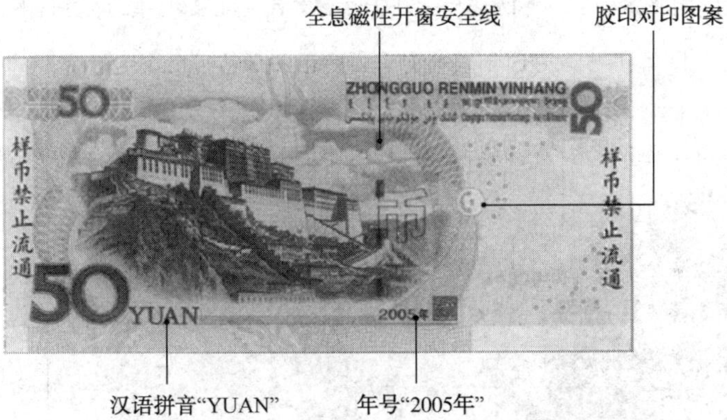

图 4-1-4 2005 年版第五套人民币防伪特征(50 元背面)

② 20 元券。

a. 固定花卉水印(荷花)。

b. 手工雕刻头像。

c. 隐形面额数字。

d. 胶印缩微文字。

e. 雕刻凹版印刷。

f. 双色横号码。

g. 全息磁性开窗安全线。

h. 阴阳互补对印图案。

i. 白水印。

j. 凹印手感线。

如图 4-1-5、图 4-1-6 所示。

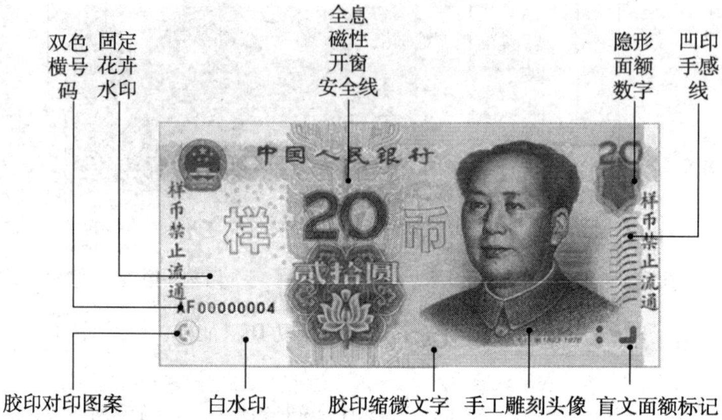

图 4-1-5　2005 年版第五套人民币防伪特征(20 元正面)

图 4-1-6　2005 年版第五套人民币防伪特征(20 元背面)

③ 10 元券。

a. 固定花卉水印(月季花)。

b. 手工雕刻头像。

c. 隐形面额数字。

d. 胶印缩微文字。

e. 雕刻凹版印刷。

f. 双色横号码。

g. 全息磁性开窗安全线。

h. 阴阳互补对印图案。

i. 白水印。

j. 凹印手感线。

如图 4-1-7、图 4-1-8 所示。

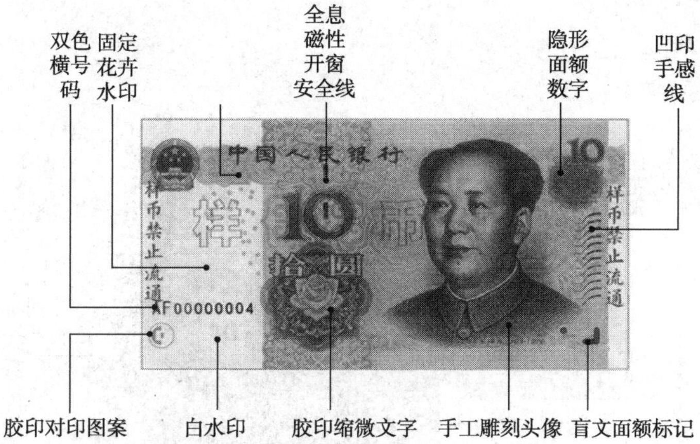

图 4-1-7　2005 年版第五套人民币防伪特征(10 元正面)

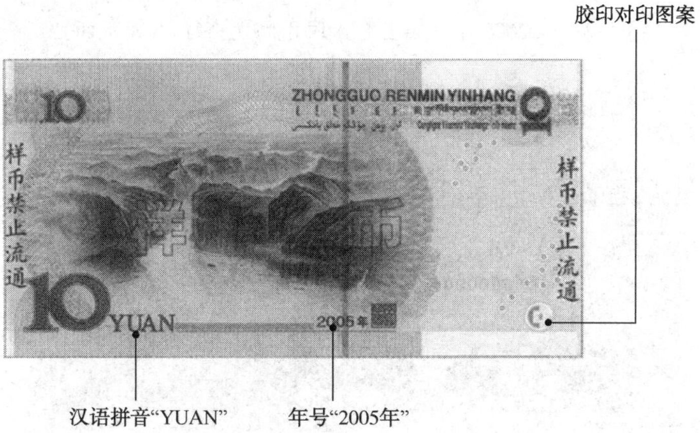

图 4-1-8　2005 年版第五套人民币防伪特征(10 元背面)

④ 5 元券。

a. 固定花卉水印(水仙花)。

b. 手工雕刻头像。

c. 隐形面额数字。

d. 胶印缩微文字。

e. 雕刻凹版印刷。

f. 双色横号码。

g. 全息磁性开窗安全线。

h. 白水印。

i. 凹印手感线。

如图 4-1-9、图 4-1-10 所示。

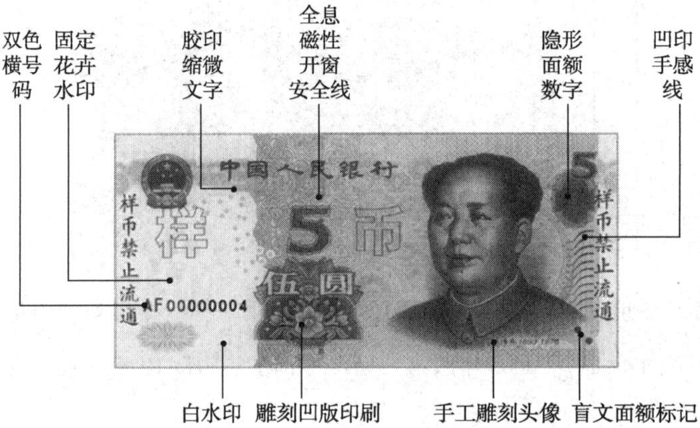

图 4-1-9　2005 年版第五套人民币防伪特征(5 元正面)

图 4-1-10　2005 年版第五套人民币防伪特征(5 元背面)

(2) 2015 版第五套人民币 100 元(见图 4-1-11)防伪特征。

① 光变镂空开窗安全线：位于票面正面右侧。垂直票面观察，安全线呈品红色；与票面成一定角度观察，安全线呈绿色；透光观察，可见安全线中正反交替排列的镂空文字"￥100"，如图 4-1-12 所示。

图 4-1-11　2015 年版第五套人民币(100 元)

图 4-1-12　光变镂空开窗安全线

② 光彩光变数字：位于票面正面中部。垂直观察，数字以金色为主；平视观察，数字以绿色为主。随着观察角度的改变，数字颜色在金色和绿色之间交替变化，并可见一条亮光带上下滚动，如图 4-1-13 所示。

图 4-1-13　光彩光变数字

③ 人像水印：位于票面正面左侧空白处。透光观察，可见毛泽东头像水印，如图 4-1-14 所示。

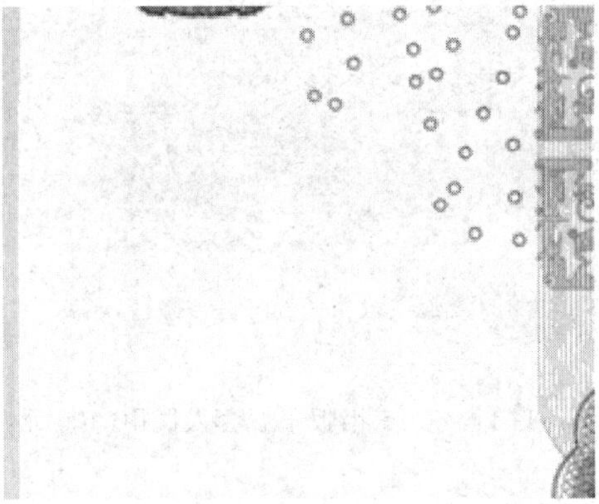

图 4-1-14　人像水印

④ 胶印对印图案：票面正面左下方和背面右下方均有面额数字“100”的局部图案。透光观察，正背面图案组成一个完整的面额数字“100”，如图 4-1-15 所示。

图 4-1-15　胶印对印图案

⑤ 横竖双号码：票面正面左下方采用横号码，其冠字和前两位数字为暗红色，后六位数字为黑色；右侧竖号码为蓝色，如图 4-1-16、图 4-1-17 所示。

图 4-1-16　横号码

图 4-1-17　竖号码

⑥ 白水印：位于票面正面横号码下方。透光观察，可以看到透光性很强的水印面额数字“100”，如图 4-1-18 所示。

图 4-1-18　白水印

⑦ 雕刻凹印：票面正面毛泽东头像、“中国人民银行”行名、国徽、右上角面额数字、盲文及背面主景人民大会堂等均采用雕刻凹印印刷，用手指触摸有明显的凹凸感，如图4-1-19~图4-1-24所示。

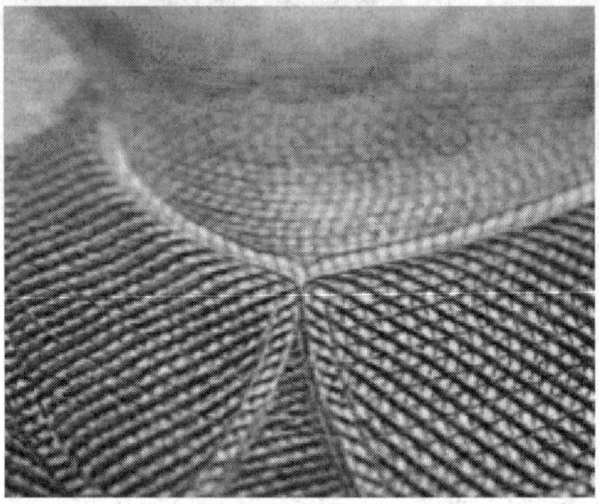

图 4-1-19　雕刻凹印之毛泽东头像(局部)

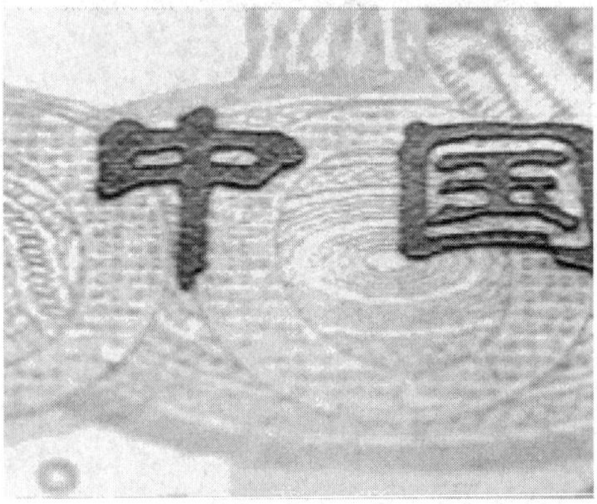

图 4-1-20　雕刻凹印之“中国人民银行”(局部)

图 4-1-21　雕刻凹印之国徽

图 4-1-22 雕刻凹印之正面右上角数字

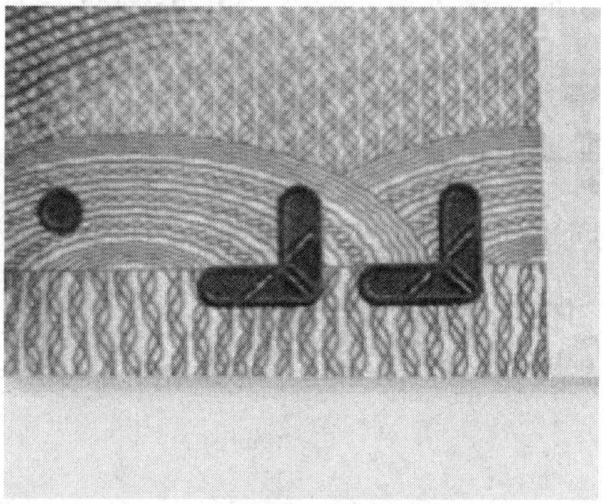

图 4-1-23 雕刻凹印之盲文

图 4-1-24 雕刻凹印之背面人民大会堂

以上 7 点为公众防伪，以下 8 点为专业防伪：

⑧ 有色荧光竖号码：位于票面正面右侧，蓝色竖号码在特定波长紫外光照射下可见绿色荧光效果。

⑨ 有色荧光图案：位于背面主景人民大会堂图案上方椭圆形图案中，部分图案在特定波长紫外光照射下可见橘黄色荧光图案。

⑩ 无色荧光纤维：随机分布于纸张中。在特定波长紫外光照射下，可看到黄色和蓝色纤维。

⑪ 无色荧光图案：位于票面正面中部，行名下方。在特定波长紫外光照射下可见黄色荧光的面额数字“100”，可供机读。

⑫ 双色横号码：位于票面正面左下方，其冠字和前两位数字为暗红色，后六位数字为黑色。用特定仪器检测，双色横号码具有磁性，可供机读。

⑬ 全埋安全线：位于票面中部。透光观察，可见安全线中镂空面额数字“100”。仪器检测有磁性，可供机读。

⑭ 红外配对图案：位于票面背面中部和右侧的凹印图案中，部分图案具有红外特征。

⑮ 防复印标记：在票面正面左侧、背面右侧的部分图案，可以防止彩色复印。

（3）2019 年 8 月 30 日中国人民银行发行的 2019 年版第五套人民币。

新版人民币包含：50 元、20 元、10 元、1 元纸币；1 元、5 角、1 角硬币。纸币防伪有以下调整：

① 50 元。

看正面（见图 4-1-25）：

中部面额数字调整为光彩光变面额数字“50”；

图 4-1-25　2019 年版第五套人民币（50 元正面）

左下角光变油墨面额数字调整为胶印对印图案；

右侧增加动感光变镂空开窗安全线和竖号码。

看背面(见图 4-1-26)：

调整主景、面额数字、胶印对印图案的样式，取消全息磁性开窗安全线和右下角局部图案，年号改为“2019 年”。

图 4-1-26　2019 年版第五套人民币(50 元背面)

② 20 元。

看正面(见图 4-1-27)：

中部面额数字调整为光彩光变面额数字“20”；

取消全息磁性开窗安全线；

调整左侧胶印对印图案；

右侧增加光变镂空开窗安全线和竖号码。

图 4-1-27　2019 年版第五套人民币(20 元正面)

看背面(见图 4-1-28):

背面调整主景、面额数字、胶印对印图案的样式，取消右下角局部图案，年号改为“2019 年”。

图 4-1-28　2019 年版第五套人民币(20 元背面)

③ 10 元。

看正面(见图 4-1-29):

中部面额数字分别调整为光彩光变面额数字“10”;

取消全息磁性开窗安全线;

调整左侧胶印对印图案;

右侧增加光变镂空开窗安全线和竖号码。

图 4-1-29　2019 年版第五套人民币(10 元正面)

看背面(见图 4-1-30)：

背面调整主景、面额数字、胶印对印图案的样式，取消右下角局部图案，年号改为“2019 年”。

图 4-1-30　2019 年版第五套人民币(10 元背面)

④ 1 元。

看正面(见图 4-1-31)：

正面左侧增加面额数字白水印，取消左下角装饰纹样。

图 4-1-31　2019 年版第五套人民币(1 元正面)

看背面(见图 4-1-32)：

背面调整主景、面额数字的样式，取消右下角局部图案，年号改为“2019 年”。

图 4-1-32　2019 年版第五套人民币(1 元背面)

4. 鉴别人民币的基本方法

在我国的假币中，伪造币最多。鉴别伪造币的方法有人工鉴别法和机器检测法。工作中常将这两种方法结合使用，即“一看、二摸、三听、四测、五量”。

(1) 眼看法。

眼看法是指通过看水印、看安全线、看票面图案、看隐形面额数字、看整体印刷效果，来辨别真假人民币的方法。

① 看水印，水印是安全、可靠的大众防伪特征之一。

② 看安全线，安全线也是大众防伪特征之一。

③ 看票面图案。

④ 看隐形面额数字。

⑤ 看整体印刷效果。

(2) 手摸法。

手摸法是指通过触摸纸币票面上凹印部位的线条和纸质，来鉴别真假人民币的方法。

① 触摸票面上凹印部位的线条，感觉是否有明显的凹凸感。通常假人民币没有凹凸感或凹凸感不强。

② 触摸纸币纸质，感觉是否薄厚适中、挺括度好。一般来讲，真人民币纸质坚韧、挺括，手感厚实；假人民币纸质较薄，手感绵软。

(3) 耳听法。

耳听法是指通过听声音来鉴别真假人民币的方法。

真人民币所使用的纸张是经过特殊处理、添加了化学成分的纸张，挺括耐折，手持钞票用力抖动、手指轻弹或双手一张一弛轻轻对称拉动，能听到清脆响亮的声音。

假人民币纸张发软，偏薄或偏厚，抖动或弹击的声音发闷，不耐揉折。

(4) 仪器检测法。

仪器检测法是指借助一些简单的工具和专用仪器来鉴别真假人民币的方法。

例如：借助放大镜，可以观察票面线条清晰，胶、凹印微缩文字等；采用紫外等光照射票面，可以观察钞票纸张和油墨有无荧光反应；利用磁性检测仪，可以检测黑色横号码的磁性。

(5) 尺量法。

尺量法是指通过用尺衡量钞票的规格尺寸来鉴别真假人民币的方法。真人民币纸张的尺寸十分严格，精确到以毫米计。

5. 残损人民币的兑换

(1) 凡残损人民币属于下列情形之一者，应持币向银行照全额兑换。

① 票面残损不超过1/4，其余部分的图案、文字能照原样连接者，如图4-1-33、图4-1-34所示。

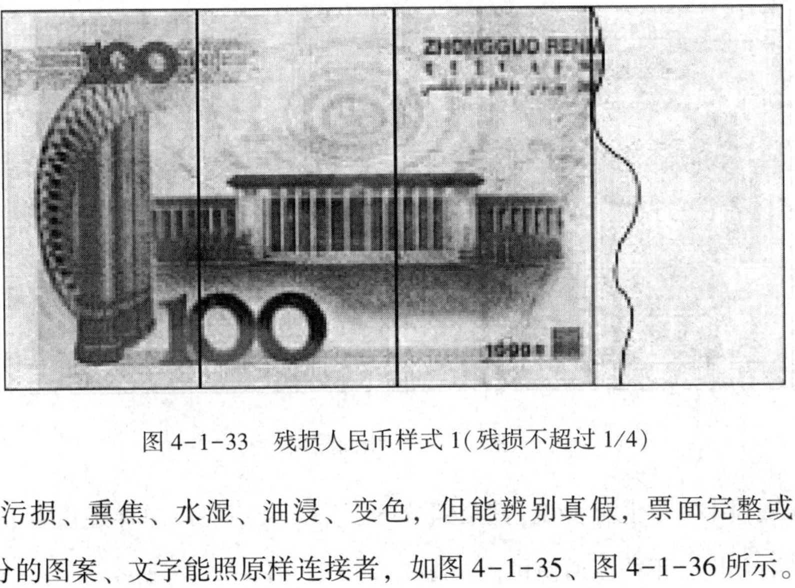

图4-1-33 残损人民币样式1(残损不超过1/4)

② 票面污损、熏焦、水湿、油浸、变色，但能辨别真假，票面完整或残损不超过1/4,其余部分的图案、文字能照原样连接者，如图4-1-35、图4-1-36所示。

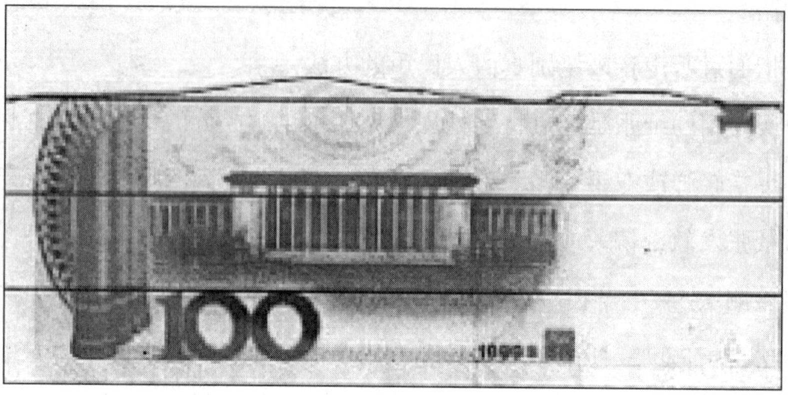

图 4-1-34　残损人民币样式 2(残损不超过 1/4)

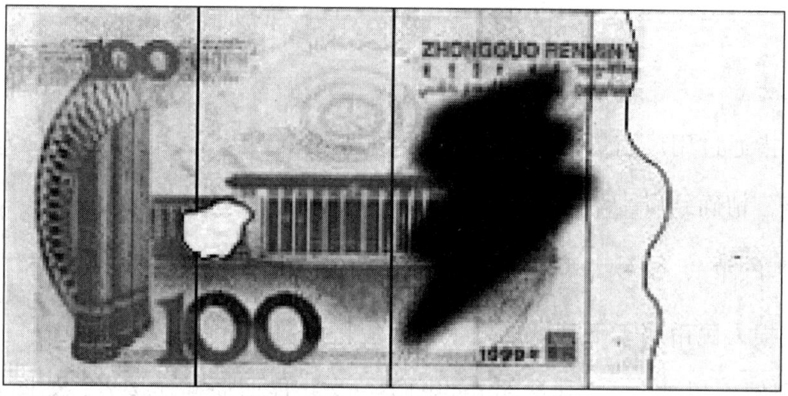

图 4-1-35　票面污损

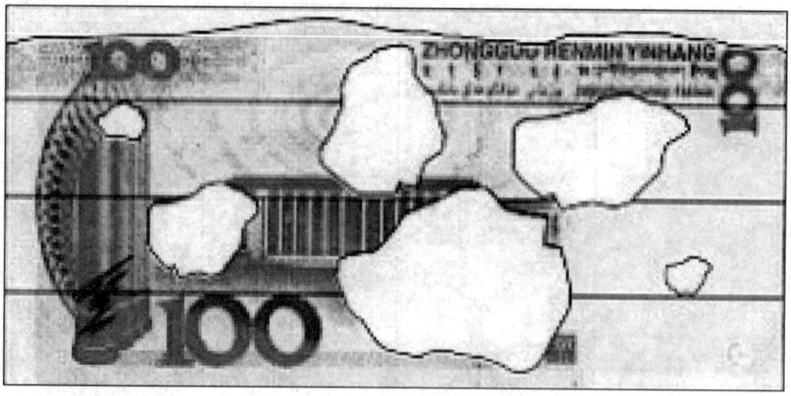

图 4-1-36　票面熏焦

（2）票面残损 1/4 以上至 1/2，其余部分的图案、文字能照原样连接者，应持币向银行照原面额半数兑换，不得流通使用，如图 4-1-37、图 4-1-38 所示。

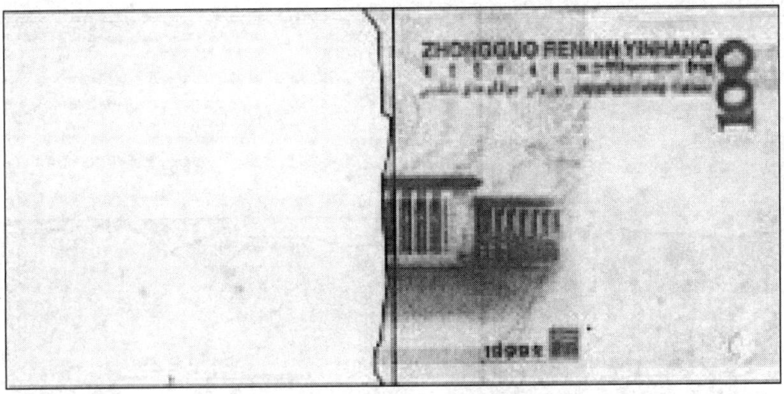

图 4-1-37 残损人民币样式 3(残损 1/4 以上至 1/2)

图 4-1-38 残损人民币样式 4(残损 1/4 以上至 1/2)

(3) 凡残损人民币属于下列情形之一者，不予兑换。

① 票面残损 1/2 以上，如图 4-1-39、图 4-1-40 所示。

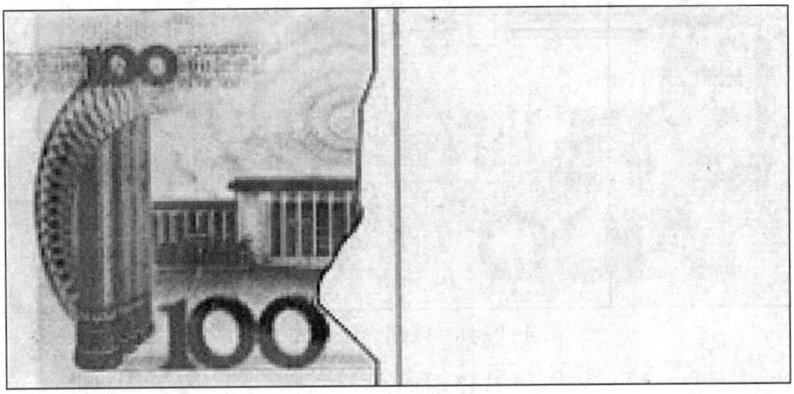

图 4-1-39 残损人民币样式 5(残损 1/2 以上)

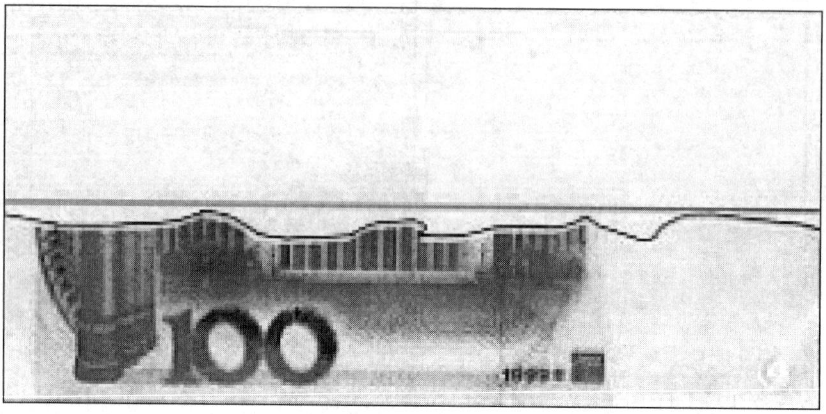

图 4-1-40　残损人民币样式 6(残损 1/2 以上)

② 票面污损、熏焦、水湿、油浸、变色，不能辨别真假。

③ 故意挖补、涂改、剪贴拼凑、揭去一面者。

不予兑换的残损人民币，由中国人民银行统一销毁，不得流通使用。

四、实训内容

（1）采用“一看、二摸、三听、四测、五量”的方法辨别当前流通中的不同面值的人民币。

（2）标示出图 4-1-41～图 4-1-48 中残币的兑换标准。

图 4-1-41　残损人民币样式 7

兑换标准(　　)

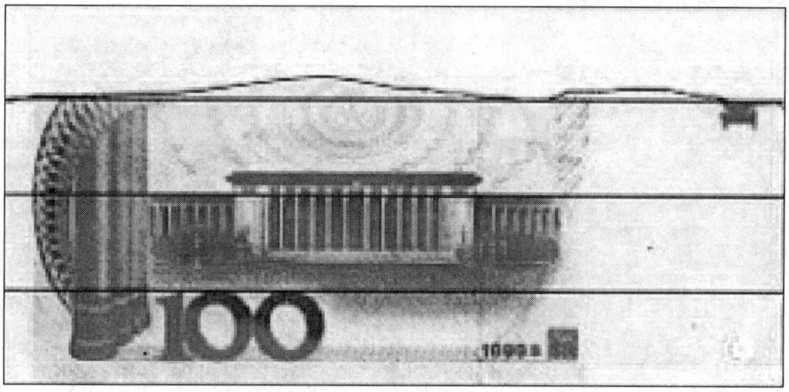

图 4-1-42 残损人民币样式 8

兑换标准(　　)

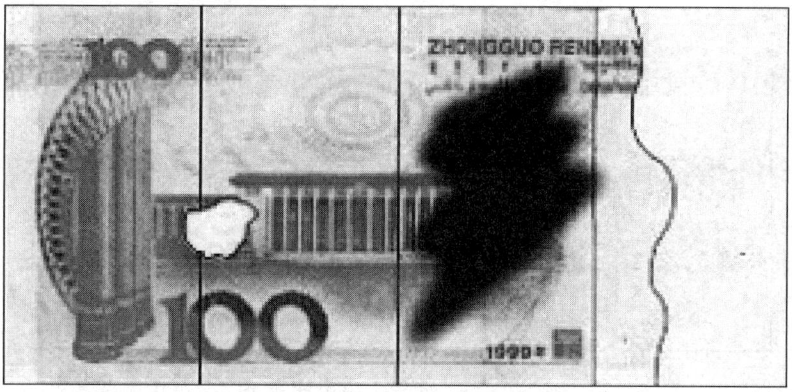

图 4-1-43 残损人民币样式 9

兑换标准(　　)

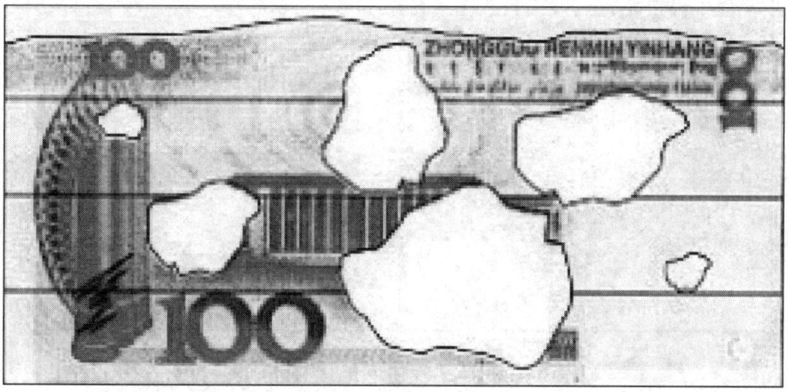

图 4-1-44 残损人民币样式 10

兑换标准(　　)

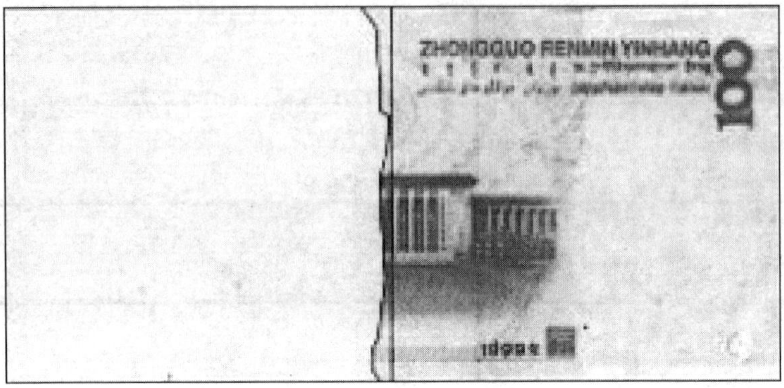

图 4-1-45　残损人民币样式 11

兑换标准(　　)

图 4-1-46　残损人民币样式 12

兑换标准(　　)

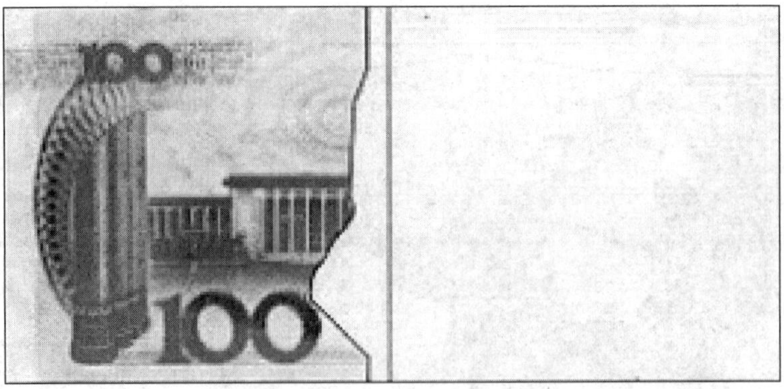

图 4-1-47　残损人民币样式 13

兑换标准(　　)

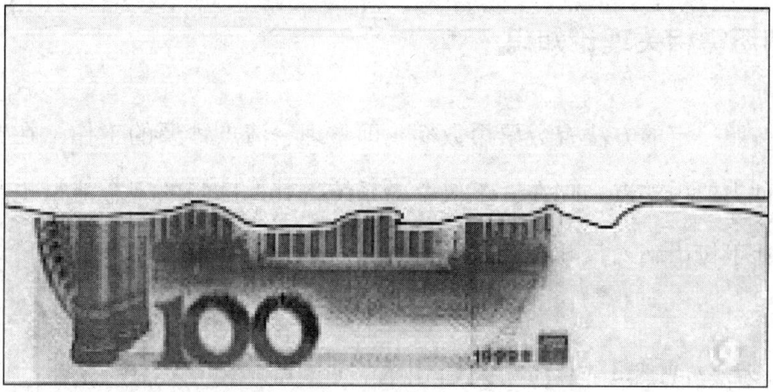

图 4-1-48 残损人民币样式 14

兑换标准(   )

五、实训心得：

____

____

____

任务 2 点钞技能实训

一、实训目标

(1) 能正确地进行点钞物品的摆放。

(2) 能规范地完成拆把、清点、计数、扎把等基本点钞动作。

(3) 能运用手持式点钞法准确、规范地进行手工点钞。

(4) 能运用手按式点钞法准确、规范地进行手工点钞。

(5) 能正确使用点钞机清点纸钞。

二、实训所需用品

点钞纸、挡板、沾水池(或固体甘油盒)、扎钞条、名章、印泥、计算器、笔、点钞机。

三、实训所需相关理论知识

点钞是指按照一定的方法查数票币数额，即整理、清点钞票的工作，在银行泛指清点各种票币，又称为票币整点。现在，不仅金融系统，其他部门的现金流量也很大。对于银行柜员、企事业单位出纳人员和收银员来说，清点钞票是一项经常的、大量的、技术性很强的工作。

1. 点钞的方法(见图 4-2-1)

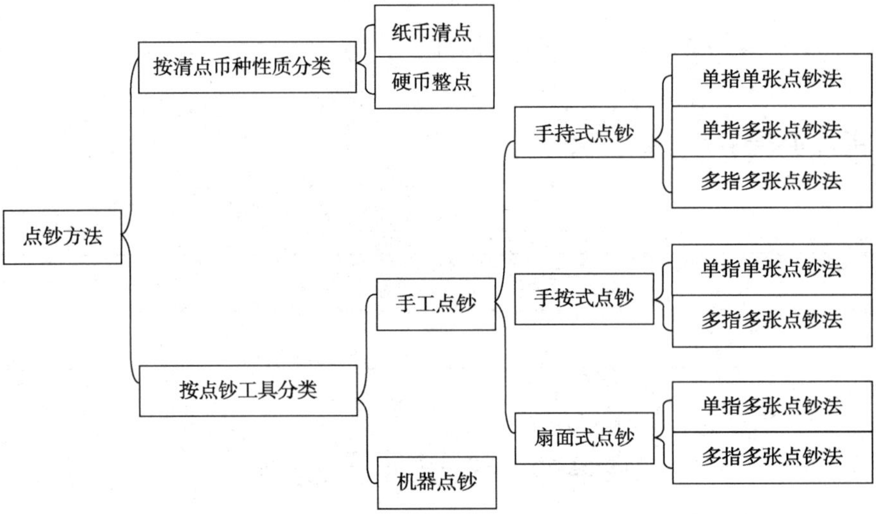

图 4-2-1　点钞的方法

2. 点钞的基本程序

点钞是从拆把开始到扎把结束的一个连续、完整的过程，想要加快点钞速度、提高点钞水平，必须做好各个环节的工作。由于钞票放置状况的不同，点钞的程序也不相同。

(1) 钞票呈无规律散放状态。当钞票的放置呈无规律散放状态时，其基本程序有以下六步：

① 整理钞票。

a. 同券同放，券面相同。

同券同放即将不同面值的票币进行分别归类，相同面值的放在一起；券面相同即将相同券面同一个方向放置。

b. 平铺整齐，边角无折。

c. 剔除残币，完残分放。

② 持钞。将若干张(一般为 100 张左右)钞票拿起，并墩整齐。

③ 清点。

④ 扎把。把点准的100 张(或不足100 张)的钞票墩齐，并用扎钞条扎紧，不足100 张的在扎钞条上写出实点张数和金额。

⑤ 记数、盖名章。在扎好的捆条上加盖点数人图章，以明确责任。

⑥ 计算总金额。将所清点的全部钞票按面值和张数计算出总金额。

说明：这种点钞程序一般在实际工作中使用较多。

(2) 钞票同面值百张整把放置。当钞票的放置有规律时，其基本程序有以下六步：

① 起钞。一般由左手单手将整把钞拿起放至胸前，同时做拆把准备。

② 拆把。用右手食指和大拇指捏住钞票两侧，将待点的成把钞票横捏成瓦状，左手食指插入扎钞条内将扎钞条脱去或勾断，同时做好点数准备。

③ 持钞与清点。因点钞方法不同，持钞与清点的方法也有所不同。

④⑤⑥的操作程序与钞票在无规律状态下的操作程序完全相同。

3. 点钞的基本要求

(1) 坐姿端正。直腰挺胸，身体自然，肌肉放松，双肘自然放在桌上，持票的左手腕部接触桌面，右手腕部稍抬起，整点货币轻松持久，活动自如。

(2) 放置适当。钞票放在正前方，顺着拿钞的方向把钞票整齐地放在前方，扎钞条顺着拿钞的方向摆放在右边，沾水池、笔和名章是常用物品，一般放在右边，便于使用。

(3) 扇面均匀。起钞后持钞，使钞票开的扇每页之间间距相同。

(4) 动作连贯。点钞过程的各个环节(拆把、清点、墩齐、扎把、盖章)必须密切配合，环环相扣，双手动作协调，注意减少不必要的小动作。

(5) 点数准确。点钞技术关键是一个“准”字，清点和记数的准确是点钞的基本要求。点数准确一要精神集中，二要定型操作，三要手点、脑记，手、眼、脑紧密配合。

(6) 清理整齐。钞票点好后必须墩齐(四条边水平，不露头，卷角拉平)才能扎把。

(7) 扎把牢固。扎小把，以提起把中第一张钞票不被抽出为准。

(8) 盖章清晰。腰条上的名章是分清责任的标志，要清晰可辨。

4. 点钞实训相关用品

(1) 点钞相关用品介绍。

在点钞过程中，为了保证清点工作顺利进行，需要事先备好的物品有以下几种：

① 挡板：挡板也称书立，用来挡住需要立放的点钞纸，如图 4-2-2 所示。

图 4-2-2　挡板

② 沾水池(或固体甘油盒)：用于加大手指与钞面的摩擦，防止打滑，如图 4-2-3 所示。

图 4-2-3　沾水池

③ 扎钞条：点钞结束后用来将 100 张的整把钞扎上，如图 4-2-4 所示。

④ 名章：整把钞扎钞结束后盖在扎钞条上，如图 4-2-5 所示。

⑤ 印泥，如图 4-2-5 所示。

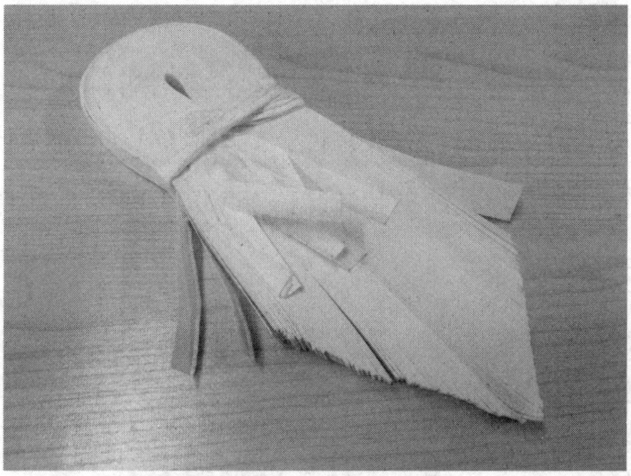

图 4-2-4　扎钞条

图 4-2-5　名章

⑥ 计算器，如图 4-2-6 所示。

图 4-2-6　计算器

（2）点钞用品的摆放。

点钞是连续作业，对速度的要求比较高。因此，点钞相关用品应按使用顺序在固定位置摆放好，以方便使用、节约时间。一般来说，钞票应立放于挡板上，并随挡板一起摆放在桌子的左边；沾水池、名章、扎钞条和计算器等用品根据个人习惯进行摆放，但要注意保持整齐，如图 4-2-7 所示。

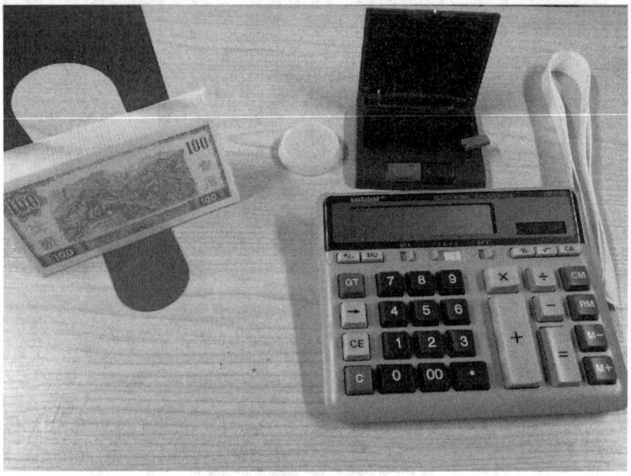

图 4-2-7　点钞用品的摆放

5. 扎把和盖章技巧

（1）扎把技巧。

扎把方法有缠绕法和拧结法两种，最常用的是缠绕法。本教材主要介绍缠绕法的操作方法和技巧。

① 将钞票墩齐并用左手横握钞票，大拇指在前，其余四指在后，左手用劲往内捏，使钞票成弓形。

② 左手食指移到钞票上侧边缘将钞票分开一条缝，右手将扎钞条的一端放入缝内，如图 4-2-8 所示。也可不将钞票开缝，直接把扎钞条的一端贴在钞票背面，用左手食指、中指压住，如图 4-2-9 所示。

③ 右手大拇指、食指和中指捏住扎钞条，由内向下向外缠绕(可根据扎钞条长度决定缠绕圈数)至钞票上端，右手腕向右侧翻转，大拇指在扎钞条前食指在扎钞条后，将扎钞条沿钞票边缘向右反折成正三角形的结并按住，然后换用食指将扎钞条尾端塞入钞票与扎钞条之间的空隙中，同时用大拇指将折角压平，以防松脱。如图 4-2-10、图 4-2-11 所示。

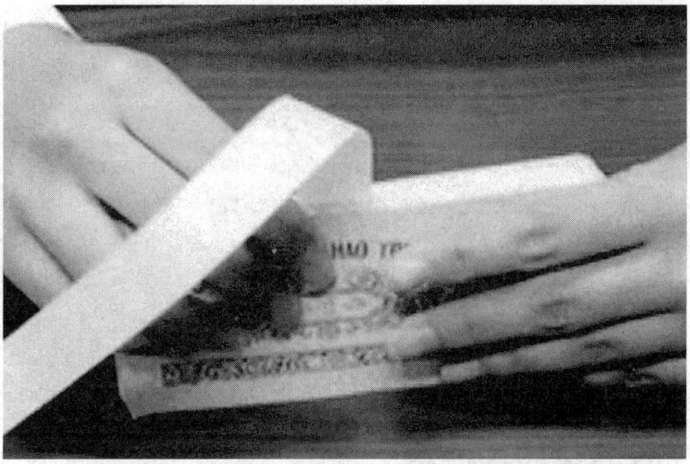

图 4-2-8　扎钞条放置方法 1

图 4-2-9　扎钞条放置方法 2

图 4-2-10　扎钞过程 1

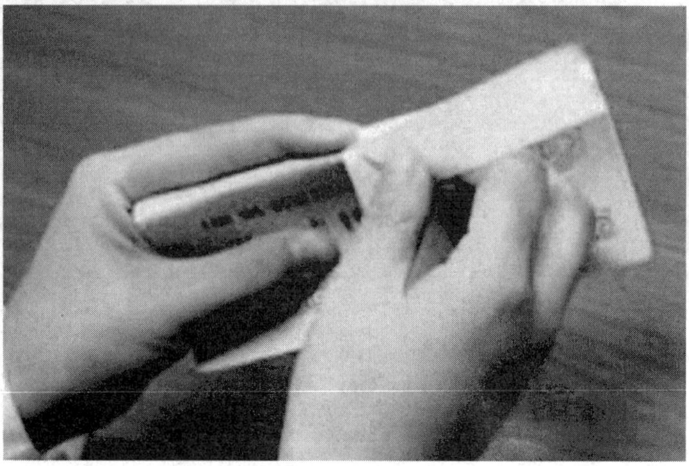

图 4-2-11　扎钞过程 2

（2）盖章技巧。

每把钞票都要加盖点钞人员带姓名的专用章。盖章时，左手将若干把捆扎完毕的钞票拿在手中，横向立于桌面，右手持名章，在钞票侧面的捆钞条上逐把加盖。如图 4-2-12 所示。

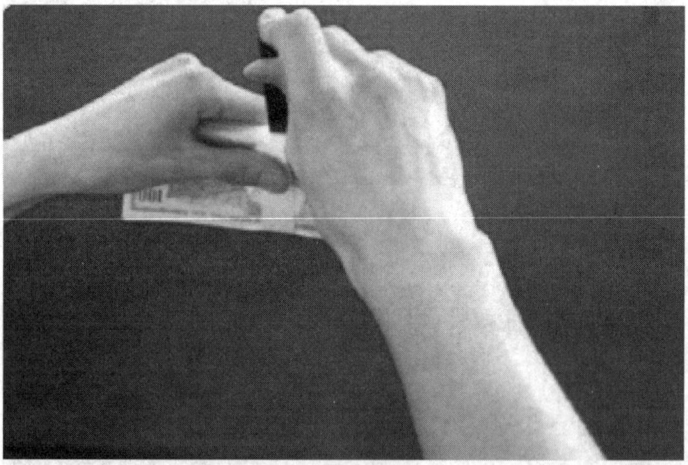

图 4-2-12　盖章

6. 手工点钞

（1）手按式点钞方法。

手按式点钞是将钞票放在桌面上进行清点的点钞方法，是一种比较传统的点钞方法。初学者适合先学习此种点钞方法，这有利于后续的手持式点钞法的学习。

手按式点钞法根据指法不同分为单指单张点钞法和多指多张点钞法。

① 手按式单指单张点钞。

这种方法看到的钞面比较大，容易发现假钞和破损钞。

a. 按钞。将钞票斜放在桌上，使其右下角稍伸出桌面，不要过于倾斜或平行。左手小拇指和无名指微弯按住钞票左上角，约占票面 1/3 处，大拇指、食指和中指微屈做好点钞准备，如图 4-2-13 所示。

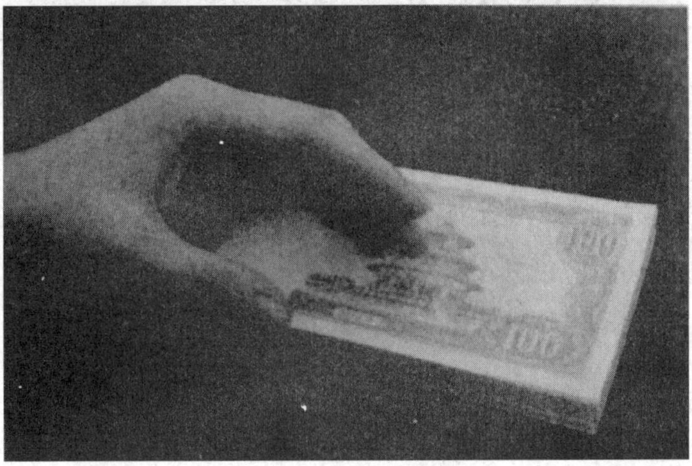

图 4-2-13 按钞(手按式单指单张点钞)

b. 清点。用右手大拇指轻轻托起右下角的部分钞票，用右手食指捻动钞票，其余手指自然弯曲，右手食指每捻起一张钞票，左手大拇指便将钞票推送到左手食指与中指间夹住，依次连续操作，如图 4-2-14、图 4-2-15 所示。

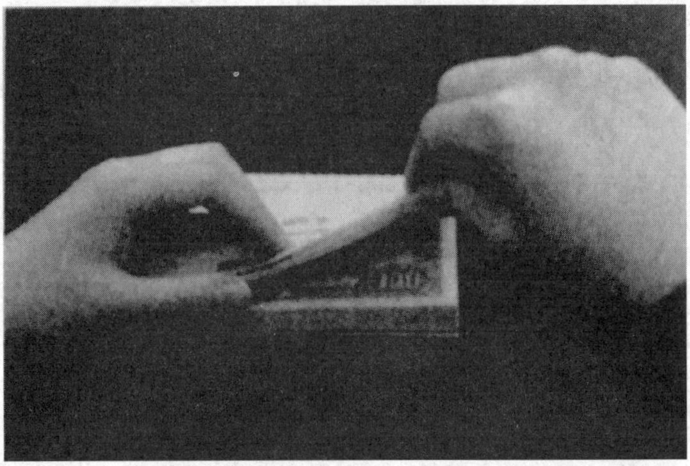

图 4-2-14 清点钞票示例 1(手按式单指单张点钞)

图 4-2-15　清点钞票示例 2(手按式单指单张点钞)

c. 计数。计数也是点钞的基本环节，它与清点相辅相成，在清点的基础上，必须做到计数准确。常用计数方法有以下三种：

第一种：自然数计数法。在计数过程中，以自然数顺序完成计数。

第二种：首位数定组分组计数法。在计数过程中，以 10 个数字为一组，每组数的第一位数表示组数，100 张钞共计 10 组，具体记数过程如下：

1、2、3、4、5、6、7、8、9、10

2、2、3、4、5、6、7、8、9、10

3、2、3、4、5、6、7、8、9、10

…………

10、2、3、4、5、6、7、8、9、10

第三种：末位数定组分组计数法。在计数过程中，以 10 个数字为一组，每组数的最后一位数表示组数，100 张钞共计 10 组，具体计数过程如下：

1、2、3、4、5、6、7、8、9、1

1、2、3、4、5、6、7、8、9、2

1、2、3、4、5、6、7、8、9、3

…………

1、2、3、4、5、6、7、8、9、10。

d. 扎把、盖章。扎把时先将清点准确的 100 张钞票在桌面上墩齐，使其四条边整齐光滑；然后左手持钞，右手取扎钞条将钞票捆扎牢固。

② 手按式多指多张点钞。

a. 按钞。把钞票斜放在桌上，使其右下角稍伸出桌面，不要过于倾斜或平行。左手小拇指和无名指微弯按住钞票左上角，约占票面 1/3 处，大拇指、食指和中指微屈做好点钞准备，如图 4-2-16 所示。

图 4-2-16 按钞(手按式多指多张点钞)

b. 清点。右手大拇指托起右下角的部分钞票(约 20 张左右)，右臂倾向左前方，两指两张点钞时，先用右手中指捻起第一张，再以食指捻起第二张；然后用左手大拇指向上推送到食指和中指间夹住。如此反复，直到清点完毕，如图 4-2-17、图 4-2-18 所示。

图 4-2-17 清点钞票示例 1(手按式两指两张点钞)

图 4-2-18 清点钞票示例 2(手按式两指两张点钞)

三指三张点钞时，先用右手无名指捻起第一张，再以中指和食指依次捻起第二张和第三张，如图 4-2-19 所示。四指四张点钞时，先用右手小拇指捻起第一张，再以无名指、中指和食指分别捻起第二张、第三张和第四张；然后用左手大拇指将钞票推送到左手食指与中指间夹住。如此反复，直至清点完毕，如图 4-2-20 所示。

图 4-2-19 手按式三指三张点钞

c. 计数。一般采用分组记数法：若三指三张清点时，每 3 张为一组，数到 33 组最后余 1 张即为 100 张；若四指四张清点时，每 4 张为一组，数到 25 组为 100 张。

d. 扎把与盖章。与手按式单指单张点钞法相同。

（2）手持式点钞方法。

① 手持式单指单张点钞。

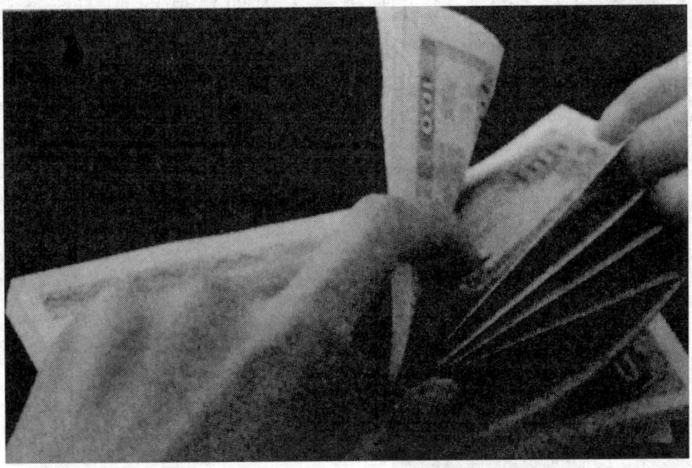

图 4-2-20 手按式四指四张点钞

手持式单指单张点钞法是指在清点钞票时，左手持钞、右手大拇指一次捻动一张钞票，逐张计数的方法。

a. 持钞。首先，左手中指和无名指弯曲夹紧钞票短的一边。然后，左手食指和大拇指从两侧轻握钞票，再用左手食指顶住钞票背部，大拇指夹推钞票正面，使钞票呈扇形，如图 4-2-21 所示。

图 4-2-21 持钞

b. 清点。右手大拇指沾好甘油，与食指、中指配合捏住钞票右上角。用右手大拇指右侧(虎口侧)逐张向下捻动钞票，食指在钞票背面的右端配合大拇指捻动，捻动幅度要小，力度要轻。当第一张钞票捻下时，无名指配合将捻起的钞票向怀里及时弹出，要注意轻点快弹。同时，左手大拇指不能将钞票捏得过死，要配合右手起自然助推的作用。清点至还剩最后几张(一般 3~4 张)时，可以用左右手大拇指同时用力一次捻开，完成清点，如图 4-2-22 所示。

图 4-2-22　清点钞票(手持式单指单张点钞)

c. 计数。

与手按式单指单张点钞法相同。

d. 扎把与盖章。

与手按式单指单张点钞法相同。

② 手持式多指多张点钞。

a. 手持式四指四张点钞法。

手持式四指四张点钞是指使用右手小拇指、无名指、中指和食指依次拨动钞票顺时针旋转，每指一张，一次清点四张的方法。其操作步骤为：

第一步：持钞。左手中指指背顶住钞票的内侧，食指、无名指和小拇指盖在钞票的外侧，然后用左手食指顶住钞票的上侧面，大拇指将钞票推顶成扇面。如图 4-2-23 所示。

第二步：清点。右手大拇指放在钞票右侧扇面的右下角处，其余四指自然弯曲并拢；从小拇指开始捻动钞票，四个手指依次下滑捻动钞票，循环操作 25 次即为 100 张，如图 4-2-24 所示。

第三步：计数。采用分组计数，4 张为一组，计满 25 次即为 100 张。

第四步：扎把、盖章。与手按式单指单张点钞法相同。

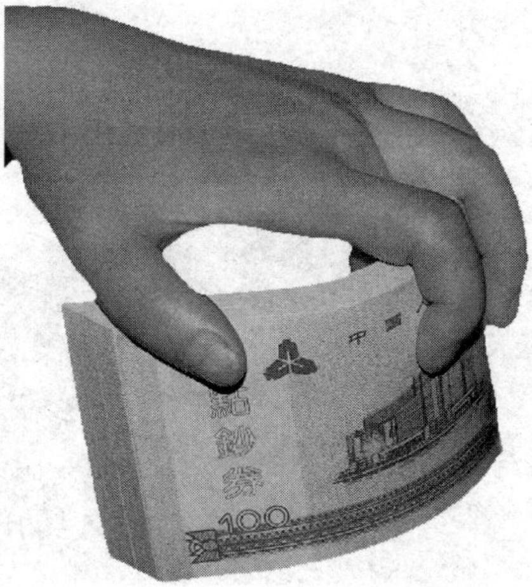

图 4-2-23 持钞(四指四张点钞)

图 4-2-24 清点钞票(四指四张点钞)

b. 手持式五指拨动点钞法。

手持式五指拨动点钞法又称为五指抓点，是指使用右手大拇指、食指、中指、无名指和小拇指依次拨动钞票，其中大拇指顺时针旋转，其他手指逆时针旋转，每指一张，一次清点 5 张的方法。其操作步骤为：

第一步：持钞。用左手无名指和小拇指夹住钞票的左下方，同时用大拇指和中指夹住钞票的两侧边沿，用食指顶住钞票的背面并使钞票的右端向上弯成 U 形。

第二步：清点。右手大拇指放在钞票右侧扇面的右上角处，从大拇指开始捻动钞票，五个手指一次下滑捻动钞票，循环操作 20 次即为 100 张，如图 4-2-25、图 4-2-26 所示。

第三步：计数。采用分组计数，5 张为一组，计满 20 次即为 100 张。

第四步：扎把、盖章。与手按式单指单张点钞法相同。

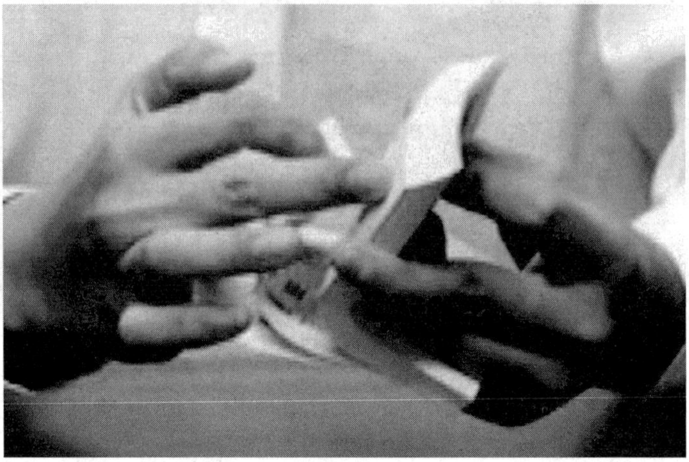

图 4-2-25　五指拨动点钞法之清点钞票示例 1

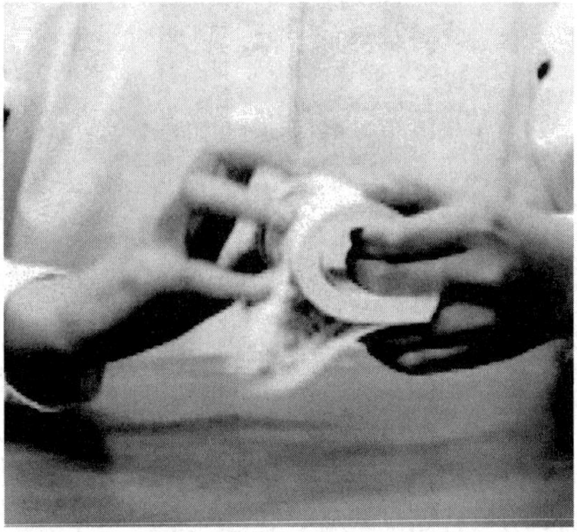

图 4-2-26　五指拨动点钞法之清点钞票示例 2

7. 机器点钞(点纸币)

(1) 点钞机的基本知识。

点钞机是指一种自动清点钞票数目的机电一体化装置。现代社会，由于现金流通规模庞大，银行出纳柜台现金处理工作繁重，而使用点钞机则可以将出纳员从繁重的劳动中解脱出来，既节省劳动力，又节省工作时间。点钞机已成为不可缺少的设备。

① 点钞机的基本结构组成(见图 4-2-27)。

② 点钞机的功能。

点钞机有很多种类型，但不管哪种类型的点钞机，其功能大同小异，主要功能就是点

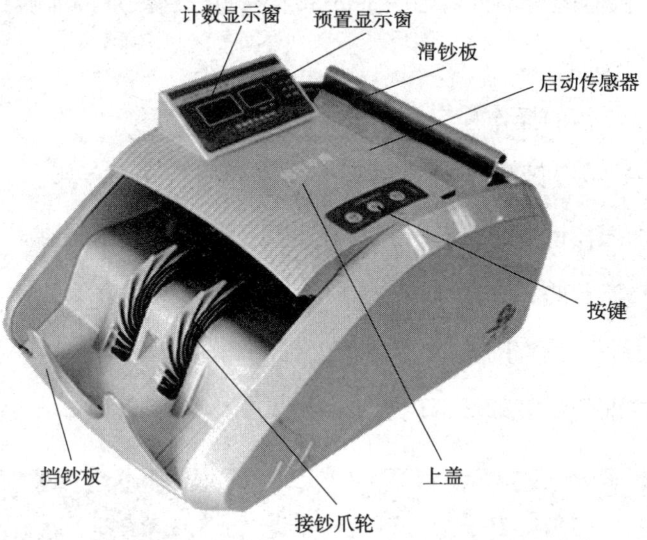

图 4-2-27　点钞机的基本结构组成

数和检测货币真伪。每台点钞机具有哪些具体功能，因点钞机型号不同而有所区别，应参照每台点钞机的使用说明确定。在此，着重介绍点钞机的两个常用功能：累加功能和预置功能。

累加功能：可以对多次清点的钞票张数或金额进行累加，点钞机将显示出各次点钞的累加数。

预置功能：配合“+”“-”键，可以预先设置清点张数。设置好预置数（如 100 张），点钞机将自动清点到预置数停机，拿出接钞台上的钞票后，点钞机又将自动点钞，上述步骤重复进行。

（2）点钞机的使用方法。

① 点钞前的准备工作

a. 放置点钞机。将点钞机平放在桌面上，一般放在点钞人员的正前方稍微偏右一点即可。

b. 用品摆放。待点钞票放置在机器的右侧，按钞票面值自左至右依次排放；经复点的钞票放在机器左侧；扎钞条、沾水池、名章、笔分别放置在点钞机与点钞员之间靠近点钞员胸前的那一侧，以适当、顺手为原则。

c. 试机。打开电源，观察荧光数码显示是否正常。检查功能设置是否准确。按下功能键，先仔细观察捻钞轮、接钞轮、接钞板和转速等是否运转正常，然后拿一把钞票（最好用练功券)试点，看机器运转是否均匀，下钞是否流畅，点钞是否准确，落钞是否整齐。

② 点钞机的操作程序。

机器点钞与手工点钞的操作程序基本相同，其步骤如下：

a. 持钞拆把。右手从机器右侧拿起钞票并将钞票横持在右手中，右手大拇指与中指、无名指、小拇指分别捏住钞票两侧，大拇指在里侧，其余三个手指在外侧，将钞票横捏成瓦形，食指在中间自然弯曲，如图 4-2-28 所示。然后，用左手将扎钞条拆去(见图 4-2-29)，同时用右手大拇指和食指捏住钞票上侧，右手中指、无名指、小拇指松开，使钞票弹回原处并自然形成前低后高的坡形(见图 4-2-30)，准备下钞。

图 4-2-28　右手横执钞票

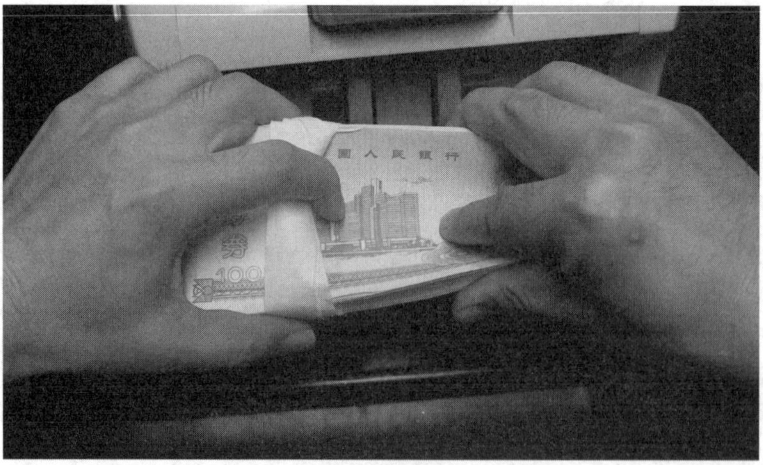

图 4-2-29　左手拆去扎钞条

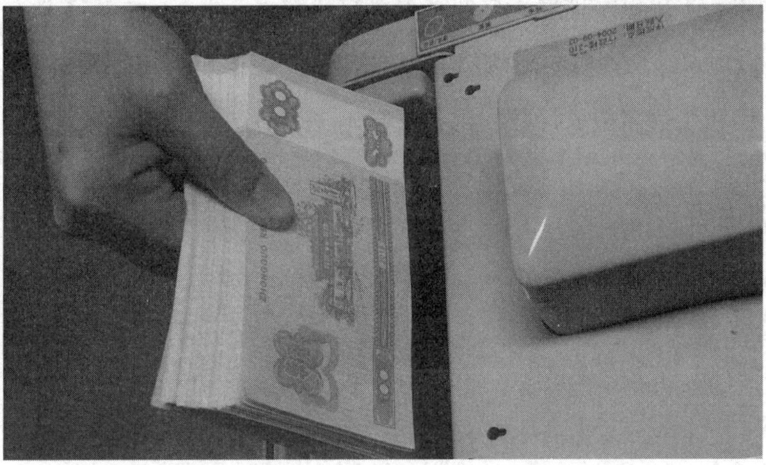

图 4-2-30 右手大拇指和食指捏住钞票，形成坡形

b. 下钞。右手将形成前低后高坡形的钞票向钞板方向推放入滑钞板。

c. 扎钞。与手工点钞相同。

d. 计数盖章。与手工点钞相同。

需要注意的是，由于点钞机速度快，要求点钞人员动作协调、紧凑，拆把、下钞、取钞、捆钞动作应连贯流畅；左右手分工明确，当右手将第一把钞票放入滑钞板后，马上拆开第二把，准备下钞，眼睛注意观察传送带上的钞票及计数器情况。当传送带上最后一张钞票落到接钞台后，左手迅速将钞票拿出，同时右手将第二把钞票放入滑钞板，然后对第一把钞票进行扎把。扎把时，眼睛仍应注意观察传送带上的钞票。当左手将第一把钞票放在机器左侧的同时，右手从机器右侧拿起第三把钞票做好下钞准备，左手顺势拆去第三把的扎钞条后，左手迅速从接钞台上取出第二把钞票进行扎把。这样顺序操作，连续作业，才能提高工作质量和工作效率。

③ 使用点钞机点钞的注意事项。

a. 不得将旧扎钞条和新扎钞条混用，以分清责任。

b. 下钞时，应将钞票捻成前低后高的斜坡形放入滑钞板，不可以使劲往点钞机里面推、塞钞票，以免出现故障。在机器点钞过程中，如下钞正常，目光要集中在传送带上，直至下钞完毕，目光再移到计数器数码显示上，看数额是否准确。

c. 为防止混把现象，应将先点完的钞票取干净后，才能再放入另一把钞票。

d. 点完一个单位的钞票后，要清理一次机器底部，看是否有遗漏的钞票留在机器底部。

e. 所点的每一个单位的钞票正反面都要进行点验。

f. 发现有假币及损伤券时，应挑出并补上真钞及完整券后才能扎把。

g. 为防止因积尘过多造成计数、识别不准确，应对点钞机进行防尘处理。

四、实训内容

1. 手按式单指单张实训任务

（1）准备点钞练功券 6 把以上，扎钞条若干，人名章一枚，沾水池一个。严格按照手按式单指单张点钞法进行点钞训练，力争每个动作连贯到位。

（2）用手按式单指单张点钞法在规定时间内对若干把练功券进行清点，同桌同学交换，互相复核检测清点结果。

2. 手按式多指多张实训任务

（1）准备点钞练功券 6 把以上，扎钞条若干，人名章一枚，沾水池一个。严格按照手按式三指三张、四指四张点钞法的操作步骤进行点钞训练，力争每个动作连贯到位。

（2）用手按式三指三张点钞法在规定时间内对若干把练功券进行清点，同桌同学交换，互相复核检测清点结果。

3. 手持式单指单张实训任务

（1）准备点钞练功券 300 张以上，扎钞条若干，人名章一枚，沾水池一个。严格按照手持式单指单张点钞法操作步骤进行点钞训练，力争每个动作连贯到位，反复多遍直到动作熟练。

（2）同桌同学互相抽取对方若干张练功券，然后在规定时间内用手持式单指单张点钞法对该把练功券进行清点，然后交换练功券，互相复核对方的清点结果。

（3）本活动考核标准如表 4-2-1 所示。

表 4-2-1　手持式单指单张实训考核标准

时限	完成数量	等级	误差要求
5 分钟	9 把	优秀	正负差为零
	7 把	良好	
	5 把	合格	

4. 手持式多指多张实训任务

（1）准备点钞练功券600张以上，扎钞条若干，人名章一枚，沾水池一个。严格按照手持式四指四张点钞法操作步骤进行点钞训练，力争每个动作连贯到位，反复多遍直到动作熟练。

（2）用手持式四指四张点钞法在规定时间内对若干张练功券进行清点，与同桌同学交换练功券，互相复核检测清点结果。

（3）本活动考核标准如表4-2-2所示。

表4-2-2 手持式多纸多张实训考核标准

<table>
<tr><th>时限</th><th>完成数量</th><th>等级</th><th>误差要求</th></tr>
<tr><td rowspan="3">5分钟</td><td>11把</td><td>优秀</td><td rowspan="3">正负差为零</td></tr>
<tr><td>9把</td><td>良好</td></tr>
<tr><td>7把</td><td>合格</td></tr>
</table>

5. 将桌面上的散钞或者整把钞票使用点钞机清点成整把并扎把

五、实训心得

参 考 文 献

[1] 杨清波，尤文利. 会计基本技能[M]. 郑州：大象出版社，2015.

[2] 王玉玲. 点钞与账表算[M]. 北京：高等教育出版社，2008.

[3] 陈玲. 财经基本技能[M]. 北京：北京工业大学出版社，2007.

[4] 陈学玲，彭林君. 会计基本技能[M]. 天津：天津教育出版社，2010.

[5] 吴相华. 财经职业技能训练[M]. 重庆：重庆大学出版社，2015.

[6] 陈燕，张俊利. 实用会计基本技能[M]. 北京：科学出版社，2012.

[7] 刘晓霞，卓丽容. 会计基本技能[M]. 北京：首都师范大学出版社，2019.

[8] 李颖. 会计基本技能实训[M]. 北京：经济管理出版社，2014.

[9] 刘艳清. 点钞与账表算[M]. 武汉：华中师范大学出版社，2011.

[10] 刘东辉，盛永志. 财经基本技能与训练[M]. 上海：上海财经大学出版社，2011.